# ADOLFO FERNÁNDEZ AGUILAR

# LA TRANSICIÓN:
# Era de la concordia

## Región de Murcia (1975-1982)

La Fea Burguesía
— EDICIONES —
MURCIA, 2026

La editorial es consciente de la necesidad
de los recursos naturales para consumir cultura
y de la colaboración en la conservación del medio ambiente.
Así pues, por la impresión de este libro,
ha plantado un almez (*Celtis australis*)
en el paraje de El Horno en Cieza (Murcia)

«La transición: Era de la concordia»
© Adolfo Fernández Aguilar, 2026
© La Fea Burguesía Ediciones, 2026
Grupo Editorial Tres y Libros, SL
Murcia, España.
www.lafeaburguesia.es

Diseño y maquetación: Fernando Fernández Villa
Asistencia informática: Guillermo Rodríguez Macanás
Tratamiento fotográfico: Pepa Jiménez de Murcia Foto, S.L.

La edición de este libro ha contado con la colaboración de la
Fundación Cajamurcia

Primera edición: enero de 2026
ISBN: 979 13 990769 9 8
Depósito legal: MU 14-2026

Printed in Spain - Impreso en España

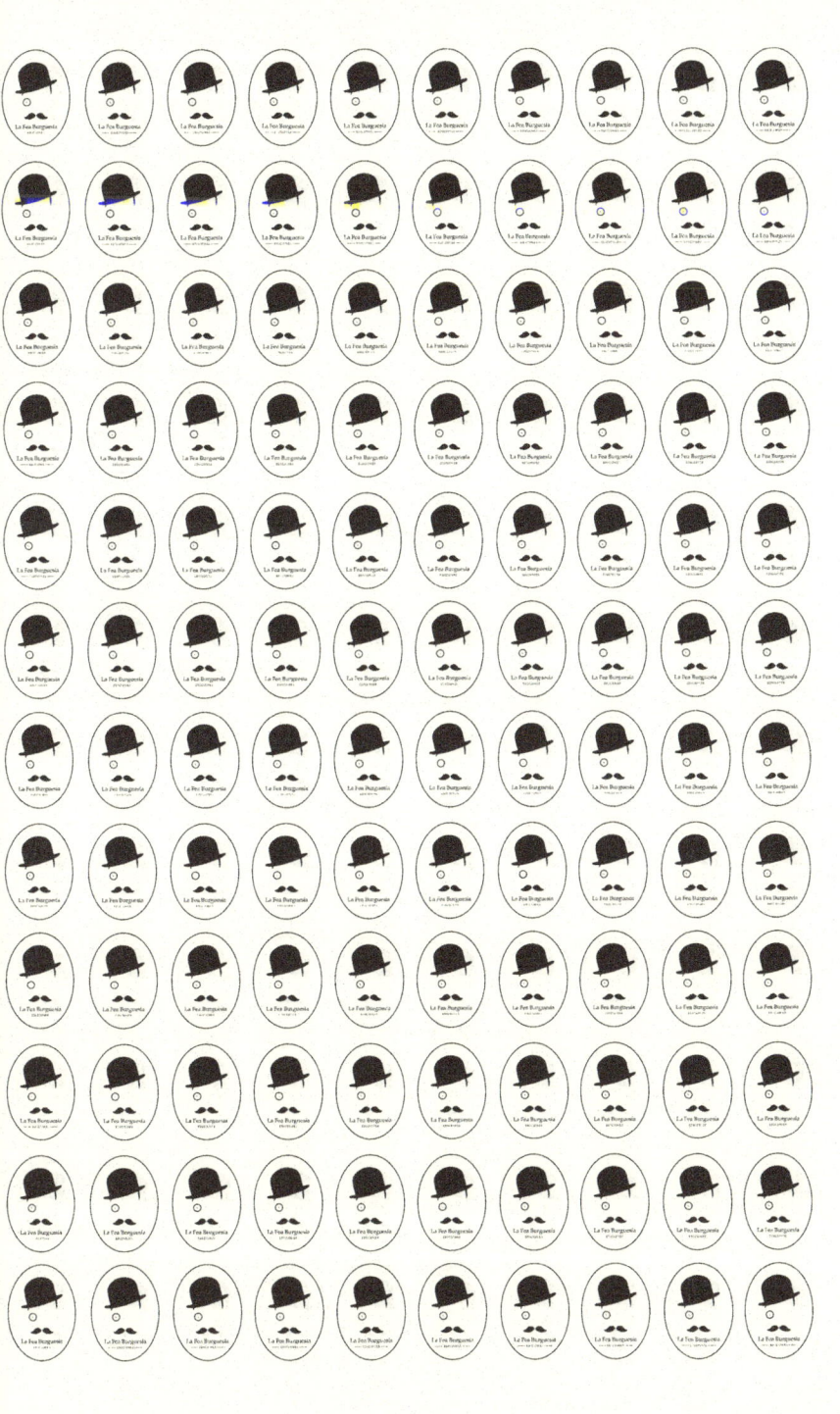

# Índice

A mi hija María Aurora,
cuyo ejemplo constante de dignidad
y bondad durante toda su vida
y por su entereza modélica
ante lo inevitable,
es mi paradigma.

# PRÓLOGO

Adolfo Fernández Aguilar es una persona que ha cumplido ya los noventa años. Sin embargo, si se analiza su biografía, uno se sorprende de que, con la cantidad de cosas que ha hecho en la vida, no tenga más de 120 años. Porque Adolfo, a lo largo de su vida, no ha parado. Es un hombre inquieto, cuyo proyecto vital ha sido siempre tan denso, que, a veces, da la impresión de que le crujen las costuras del alma. Es licenciado en Derecho por la Universidad de Murcia, su alma mater. Como director y locutor en la legendaria Radio Juventud, se hizo famoso en toda España por organizar una subasta para ayudar a los damnificados por las inundaciones sufridas en Valencia en 1957. También tuvo una intervención memorable la tarde-noche del 23-F. Murcia estaba en la III Región Militar. El general Milans del Bosch había declarado el estado de guerra, y en Valencia los carros de combate estaban en las calles. Cuando todavía no se sabía cómo iba a terminar el problema, Adolfo, desde los micrófonos de Radio Juventud, clamaba con reiteración su «Viva la Constitución», que devolvió el ánimo a muchos radioyentes.

Adolfo ha sido y es amigo de media Murcia. Conoció y trató a las personas a que se refiere su relato. Considera que hubo tres personas en Murcia que fueron básicas para la Transición: una de ellas, Federico Gallo, a la sazón gobernador civil. Federico Gallo puso toda su destreza, al servicio de la UCD, lo que le permitió al partido de Suárez ganar las elecciones en Murcia y en España. Son muy interesantes, y están relatadas con esa buena pluma que tiene Adolfo, las relaciones de Federico Gallo con el secretario general del PCE en Murcia, todavía en la clandestinidad, Agustín Sánchez Trigueros. Se relata una cena en El Rambla, que, en principio, Adolfo preparó con máximo secreto y sigilo, pero que algún indiscreto se encargó de desvelar, hasta el punto de que, al término de la cena, había varios socialistas acodados en la barra de El Rambla, esperando que saliesen de un reservado los comensales; y al día siguiente, Antonio Pérez Crespo, dirigente de UCD, se paseaba por Murcia del brazo de Agustín Sánchez Trigueros.

Según Adolfo, el segundo hombre importante en la Transición en Murcia fue este secretario general del PCE. Yo también conocí a Agustín, pero muy superficialmente. Era un hombre afable y extremadamente educado. Al salir un día del Gobierno Civil, de una reunión que habíamos mantenido, me preguntó que dónde veraneábamos mi «compañera» y yo. Era la primera vez que oía esta expresión para referirse a la legítima esposa. Se lo conté a mi mujer, que dijo: ¡Qué tiempos! Adolfo relata la muerte en accidente de tráfico de Agustín Sánchez Trigueros. Fue en Quintanar de la Orden. Se estrelló el autobús en el que viajaban los comunistas de Murcia que venían de un acto en Madrid. Y la tercera persona importante en la Transición, según Adolfo, fue Andrés Hernández Ros. La semblanza que efectúa Adolfo de Andrés Hernández Ros es muy buena. Desde luego, se aprecia el afecto personal que le profesaba. Y el respeto a su mujer, Josefina. También acude a terceros para que expliquen la situación en esos momentos de dos partidos importantes. Sobre la UCD acude al prestigioso periodista Tito Conesa y del PSOE a Antonio López Pina. Sobre el PCE, al veterano Pedro Antonio Ríos. Adolfo respeta íntegramente los textos de los tres.

El relato de Adolfo Fernández es interesante no sólo por lo que cuenta, sino por cómo lo cuenta. Consumado autor de artículos periodísticos, y de singulares y profundos libros, en su prosa se le nota el oficio. Pero también su forma de ser, su enorme humanidad, su capacidad de comprender a los demás, y de indultarlos de los pequeños defectos que pudieran tener.

Adolfo Fernández parece haber alcanzado el secreto de la eterna juventud. Su espíritu es inasequible al desaliento. En la reflexión final de este libro, tras indicar que hay que volver a empezar, formula un proyecto importante: «¿Estamos haciendo algo serio y profundo para transformar la Región de Murcia y para que pueda recobrar aquel ímpetu, aquella ilusión?». La pregunta quizás no tenga respuesta. Pero Adolfo Fernández la insinúa, y, como podrá comprobar el lector, casi nos señala el camino.

Juan Ramón Calero Rodríguez

# LOS PRIMEROS PASOS

Tengo una edad tan avanzada que todo aquello que sucedió durante los últimos años del franquismo, la Transición y el nacimiento de las Autonomías, se va quedando atrás, anclado a un horizonte ya muy lejano. Han pasado cincuenta años de aquella era de la Concordia admirable y el que esto escribe ha cumplido los noventa. Aún así, voy a afrontar este intento con la lucidez mental plena que afortunadamente aún disfruto, actuando como testigo de los hechos, puesto al servicio de este intento con todo el rigor posible, narrándoles algunos de los hechos más destacados de cuanto sucedió en la calle; lo que vivieron realmente los ciudadanos; nuestras ilusiones e incertidumbres colectivas, el ansia de libertad y tolerancia, el sueño utópico de aquel autogobierno idílico al que aspirábamos con la llegada de la soñada democracia.

Aquí tienen ustedes a un testigo viviente de aquellos sucesos aún vivo, metido en el epicentro del huracán. Es esta por tanto una narración testimonial y sincera de esa larga etapa tan trascedente en la historia de España y específicamente también para la Región de Murcia. Unas veces actué como coprotagonista de diversas iniciativas propias; otras como ejecutor de misiones encomendadas; y las más, como un activo y simple ciudadano independiente, dentro de un escenario en el que ocurrieron hechos de especial relevancia. Son los que voy a contar por ser dignos de ser recordados como paradigma, en un frontón comparativo entre la forma de hacer política de ayer y hoy.

En consecuencia, todo lo que se cuenta aquí es lo que sucedió en ese periodo histórico, partiendo de un hecho destacado (fin del franquismo) y la implantación de la Transición política, que enriqueció los siete años de nuestras vidas con los ideales de una convivencia en paz y armonía que implantó pacíficamente la democracia y las libertades en la Región de Murcia.

No trataré de explicarles aquí las actuaciones explícitas de partidos políticos, reuniones, debates o citas sobre todo el proceso estatutario, o las confrontaciones ideológicas de unos contra otros. Esos otros temas los encontrarán en otros medios expuestos por expertos especialistas.

Este libro solo se ha compuesto como un mosaico donde se reúnen distintas escenas que definirán esa época, y también hará justicia con algunos líderes que fueron menospreciados en vida injustamente y ahora deberemos reparar. Digamos que es mi humilde propósito personal. Trasladarles con hechos a lo que fue el espíritu de la modélica Transición; las ilusiones que albergábamos de construir con la futura democracia un mundo por venir más justo; con una convivencia en paz, reconciliados, donde unos y otros, con toda generosidad, renunciaron a planteamientos excluyentes en beneficio del bien común de todos, sin distinguir colores ideológicos.

Es esta una manera de hacer frente a todos los ataques que desde determinadas posiciones políticas egoístas, irreales y sectarias, vienen urdiendo con el propósito de invalidar y desprestigiar todo lo alcanzado en aquellos años extraordinarios, tan positivos para todos los ciudadanos y españoles, donde todo estaba impregnado de aquella forma de hacer política, dando muestras de generosidad y merecedoras de ser recordadas por aquella grandeza que infundieron, garantizando una convivencia en paz y progreso. Eso es lo que quieren vencer: el llamado espíritu de la Transición.

Por consiguiente, todo lo aquí narrado no tiene una connotación autobiográfica estricta, aunque lleve el acento. Solo es la descripción de un momento histórico que afecta a la vida en común de otros seres humanos coetáneos del que esto escribe y relacionados con la Región de Murcia. El autor de esta narración fue tambíen otro actor, secundario pero no un figurante, ni siquiera un mero espectador privilegiado. Todo lo que aquí se dice, se ajusta a los principios del imperio del «factum». Son datos comprobables del qué, quién, cuándo, dónde, cómo y por qué, de lo que ocurrió en la Región de Murcia durante la pacífica y ejemplar Era de la Concordia, que realmente fue la Transición política española y que abarca con toda precisión desde la muerte de Franco (1975) hasta la aprobación del Estatuto de Autonomía de la Región de Murcia mediante la Ley Orgánica 4/1982 de 9 de junio (1982). Esos siete años narrados aquí en forma de mosaico, constituyen para mí un periodo histórico que denomino Era de la Concordia, porque concordia fue que grupos políticos de ideologías tan distintas, antepusieron armónicamente el bien común y la implantación de la democracia, evitando así la confrontación que hubiese causado grandes males, y a los que temíamos tanto.

Ya han pasado cincuenta años desde el inicio de la Transición y solo debo hacer una crítica con toda legitimidad al modelo autonómico actual, tan distinto con el autogobierno que soñamos entonces para ellas. Hoy vivimos más desunidos que nunca vaciando al Estado de contenidos por las competencias otorgadas en la descarada compraventa de votos con los que aspiran a independizarse de España. ¿Cuál es el balance real? ¿Ha merecido la pena o es una gran frustración? ¿Para qué han servido las mastodónticas Autonomías que hemos creado en cada rincón de España, y algunas de ellas solo empeñadas en dividir y separar? ¿Todo esto para qué? ¿Estamos haciendo algo serio y profundo para hacer a España más fuerte? En el caso de la autonomía murciana, ¿ha mejorado la riqueza de la provincia de Murcia que la precedió? Porque si la misión de la política autonómica es la de transformar las estructuras territoriales obsoletas de la antigua provincia por otras más operativas y para mejorar los brillantísimos resultados de la antigua provincia cuando era puntera en industrias conserveras y líderes de exportación en otros campos que producían cifras récord de divisas para disfrute de todos los españoles, ¿cuáles han sido esas transformaciones para poder evaluarlas? Hoy, no existe nada seriamente planificado ni desarrollado, salvo las abundantes fotografías autocomplacientes.

En 2014, nuestra deuda —según el Banco de España— era de 6.327 millones de euros. Al cumplirse los 35 años de Autonomía en 2017, ya estábamos en 9.000 y al 30 de marzo de 2022, celebrándose el 40 Aniversario del Estatuto la deuda ascendía ya a 11.513 millones de euros. Cuando estoy viendo las últimas correcciones de este libro observo que la deuda a 30/6/25 es de 13.337 millones de euros, según el Banco de España. Aún hoy en día, ni siquiera tenemos concertado un plan de amortización de la deuda gigantesca. No hablo de infrafinanciación autonómica, ni siquiera de gestión de resultados y beneficios reales obtenidos en provecho de la Región y el progreso de los ciudadanos. Al economista Juan Bernal Roldán debo agradecer los datos económicos totalmente fiables que me ha facilitado para esta obra.

La catástrofe histórica más grande de estos años transcurridos en la Región de Murcia, es sin duda la anoxia y desastre ecológico de las aguas del Mar Menor. Se me enciende la sangre. A la Autonomía y a los Gobiernos de España de cualquier color, y a la existencia de las dos Administraciones (Estado y Comunidad), le debemos el que con esa duplicidad del gasto, indecisiones, dejaciones, enfrentamientos y dilapidaciones, se haya propiciado la ruina de esa joya, al que no sé por qué, también le quieren cambiar hasta el nombre, llamándole ahora laguna salada que pronuncian machaconamente. Y con este ejemplo llego al nudo de la cuestión.

Quizás el fracaso de nuestra Autonomía, —y lo digo con gran dolor—, es que no ha sabido beneficiarse de las ventajas que comportan el autogobierno y la gestión de los recursos propios, ni tampoco ha sabido, ni querido, diseñar estructuras propias de desarrollo o conservación, ni tampoco perfeccionando los sectores industriales donde siempre habíamos sido líderes cuando sólo éramos la humilde y autosuficiente provincia de Murcia. ¿Dónde está ese antiguo potencial, cuando en mi juventud era el motor del sureste español?

Todo esto que escribo dolorosamente lo dice una persona que volcó toda su ilusión, conocimientos y esfuerzo, ayudando cuanto pudo en la implantación de nuestra Autonomía. Pasado el tiempo veo con tristeza la devastación de tantos sueños e ideales colectivos y la pérdida de aquella identidad tan vitalista que distinguía a aquellas gentes que protagonizaron la Transición y la preautonomía. Lo peor de todo es que ahora solo se oye el ruido de los que denigran sobre lo que supuso la Transición. ¡Qué injusticia y cuantas mentiras propagan! Hay un ejemplo que a mí me conmueve. La generosidad y el sacrificio extremo de aquel Partido Comunista de España que optó por la democracia y el interés general de todos los españoles, anteponiendo esos principios a su propia ideología e intereses partidistas.

Cierro la narración de los primeros pasos en la construcción de la democracia, emulando a mi admirado Tarradellas del que escribiré más adelante, dejando aquí su mensaje más famoso: «Hay que dar un golpe del timón». Eso es exactamente lo que deberíamos hacer para enderezar el rumbo de esta nave autonómica, lo mismo que él postulaba para España en otros momentos difíciles. Este alegato político es una auténtica catarsis personal para mí; crítico pero positivo y constructivo, donde no se cuestiona a persona alguna. Sí, soy inflexible con los partidos políticos que son los que verdaderamente necesitan regenerarse y entender lo que fue el espíritu de la Transición, haciéndolo suyo. A los gobiernos autonómicos y a la política deberían llegar los mejores gestores, anteponiendo el mérito y la capacidad, no como ascenso desmesurado de los que solo representan los intereses sectarios partidistas o de un reducido grupo de incondicionales de la cocinilla.

# EL PUEBLO DESPIERTA, EL ZORRO JUSTICIERO Y OTROS (1975 Y SIGUIENTES)

La libertad de expresión es uno de los derechos fundamentales cuyo disfrute debemos a la democracia y al respeto esencial de los derechos humanos. Esta libertad de expresión que disfrutamos hoy todos en plenitud, no existía antes. Durante el franquismo y en su fase terminal de los años setenta, hasta muy entrada la Transición, la Brigada Social de la Policía y los «grises» seguían actuando a sus anchas. Muerto Franco empezó a desmoronarse el tinglado anterior. Se inhabilitaban órdenes y tácitamente se derogaban las leyes obsoletas que le daban cobertura, pero policías y «grises» seguían causando estragos, disolviendo manifestaciones que terminaban en carreras y después, haciendo horas extraordinarias, perseguían a los «grafiteros» nocturnos que en avanzadas horas de la noche inundaban de mensajes y consignas los muros y paredes de las ciudades.

También había carreras nocturnas despavoridas, detenciones, violencia, y a veces algún tiro, cuando los «grafiteros» tenían que huir en carreras a la desbandada, brocha en mano y cubos volcados, con pintura esparcida en las zonas de pintada. Jamás pudo vencer todo ese aparato de represión a los «grafiteros». Ni el régimen anterior con todos sus medios, ni los moderados gobernadores civiles, a veces, durante la primera fase de la Transición, pudieron controlar e impedir que de la noche a la mañana desaparecieran de las paredes los nuevos y cada vez más ingeniosos mensajes.

Este poderoso ejercicio de libertad de expresión no permitida, al tener cerradas las otras vías donde poder expresarse era muy eficaz. Con una televisión incipiente y oficializada de aquella época, fue un complemento eficaz de las manifestaciones y algaradas callejeras de cada tarde. Comenzaban las carreras huyendo de los «grises» y poco a poco se reagrupaban de nuevo los más ágiles y valientes. En ese instante, el que mandaba a los «grises» gritaba furibundo: «No me formen corrillos, no me formen corrillos. ¡Disuélvanse, coño!». Y entonces, cataclás. Los pocos que allí se quedaban gritaban: «Amnistía y libertad» y «Presos a la calle», y los grises continuaban repartiendo una lluvia de golpes con sus porras, sin discriminar a izquierdas y derechas.

Las pintadas más gloriosas nacieron en Francia en el mes de mayo del 68. Su escenario fue París con sus fortines enclavados en la Sorbona y Nanterre y después fue expandiéndose por toda Francia y finalmente devino en una insurrección promovida por los estudiantes, a la que se sumaron los obreros, hasta culminar en huelga general. ¡Ay, aquellas pintadas! La enorme pancarta colgada en el frontispicio pétreo de la entrada principal de la Sorbona que decía: «Ici, on baisse» («Aquí follamos») y aquellos históricos «Prohibido prohibir» «Sed realistas, pedid lo imposible», «La imaginación al poder», «Solo la verdad es revolucionaria» o «Sartre, sé breve». Empezaron protestando contra la sociedad de consumo y de paso crearon el movimiento hippie. A veces utilizaban el megáfono, pero las pintadas eran las que contenían las ideas vertebrales, de las que fueron manando una fuente de mensajes y de vitalidad cuyas palabras aún perduran en la idea de libertad e igualdad.

Durante la Transición política española, en el ámbito territorial de la Región de Murcia, aparecieron las pintadas coincidiendo con el periodo preautonómico, alrededor del año 1977 y se convirtieron en continuadoras de ese espíritu del mayo francés. Los medios informativos de toda España se hicieron eco de las pintadas de Murcia convirtiéndola en líderes de las españolas, porque mostraban un gran ingenio y transmitían un aire mediterráneo lúdico y festivo, durante toda la implantación de la democracia.

Emanaban fundamentalmente de la cabeza y las manos de grupos como el Zorro Justiciero, La Pantera Rosa y Sandokán. Sus pintadas fueron fotografiadas y reproducidas por la prensa diaria y semanal española. Son famosas «Menos tiros y más tetas»; «Por la imaginación al orgasmo»; «El Zorro Justiciero, uno/El Zorro Justiciero, grande/el Zorro Justiciero... aún libre/» y «¡Viva el Zorro Justiciero!/ Firmado: el Zorro Justiciero». De Sandokán solo les regalo esta perla: «Ojo, rojo, que te cojo», a la que un espontáneo añadió: «Los cojones».

Una noche estábamos cenando juntos Federico Gallo, gobernador; Paco Carles, psiquiatra; Sardaña, director de *La Verdad*, y yo, con nuestras esposas, cuando le llamó el Comisario de Policía Maximino Conesa al Gobernador, para decirle que en la Plaza de Santo Domingo había aparecido esa misma noche con esta pintada: «Si Dios «alborto» a Federico Gallo/ ¿por qué no puedo «albortar» yo también?»

Pintada del Zorro Justiciero encima de la marquesina
del café bar del Paseo Alfonso X el Sabio.
Foto: Agustín Alemán Clares, 1976

Qué tiempos aquellos. Rubén Darío, también dijo de su tiempo: «Juventud, divino tesoro, ¡ya te vas para no volver!»; pero a veces, muy de tarde en tarde, vuelven a resurgir los prodigios portentosos del pasado, como este que les narro exaltando al Zorro Justiciero, único en su género. Ahora mismo, cuando corrijo las galeradas de este libro en noviembre de 2025, estamos conmemorando el cincuentenario de la Transición, que se inició al fallecer Franco. Ahí comienza la Era de la Concordia. En ese tiempo se urdió toda la arquitectura constitucional que implantó la democracia, fue posible gracias al esfuerzo positivo de unos y otros porque imperaba el diálogo, la renuncia, la

25

tolerancia y la concordia. Eso fue ayer. Hoy España está viviendo tiempos adversos donde el tejido constitucional sufre desgarros continuos y se está forzando todo el entramado que antes fue construido por consensos y hoy sólo sirve al poder para negociar, como en un mercado persa. Es decir, en la Transición reinaba el diálogo y la concordia, y en la España de hoy la vida pública está basada en turbulencias políticas y la ordinariez, causantes de la mayor frustración de los ciudadanos.

Aquí estoy exaltando con la misma sorpresa y júbilo de entonces la gesta de un grupo de muchachos que volcaron su ingenio y valentía gritando en las paredes amnistía y libertad y otros mensajes y verdades que sólo podían decirse así. Pedir amnistía y libertad, o denunciar las injusticias de un régimen autoritario, parece hoy una causa baladí. Lo hacían en la alta madrugada, amparados en la nocturnidad y asumiendo un riesgo corporal extremo porque la llamada policía social de entonces era la más extrema y dura, no dormía, y pistola en mano, o con las contundentes cachiporras para golpearlos, producían la desbandada.

Valga también esta exaltación para los miembros de la Pantera Rosa, Sandokán u otros, en este homenaje que rindo al Zorro

Foto: Juan Ballester, 1976

Justiciero. Aquí dejo escritos para siempre los nombres de los componentes fijos del grupo que dio vida al Zorro Justiciero, son estos: Toñín Albadalejo, Paco González, Javier Alcaraz Mellado, Miguel Massotti, Alfredo de Rivero, Paco Alemán Clares y Emilio Morales. Su punto de reunión estaba localizado en la Taberna del Cuervo, propiedad de Paco Serra Carrilero, con la bebida consumida a su cargo. Mi amigo Julio García Abril, libertario en su juventud que también iba con la brocha de vez en cuando, me desvela que Sandokán era Faustino Fernández Conejero, hijo de Ángel Fernández Picón.

No es poca cosa poder celebrar los cincuenta años de la llegada de la democracia y contar hazañas vividas como esta protagonizada por el Zorro Justiciero. De modo que lo que hicieron realmente fue implantar «ipso facto» la libertad de expresión. Casi nadie al aparato. Para decir aquello tenían cerradas todas las puertas; ni radio, ni prensa, ni reuniones ni nada. Ahí tienen lo que hicieron: implantar el derecho de la libertad de expresión.

# TRILOGÍA DE LÍDERES (1976-1984)

Los tres protagonistas de esta historia ya han muerto. Federico Gallo Lacárcel, Andrés Hernández Ros y Agustín Sánchez Trigueros fueron los tres líderes de la Región de Murcia, tanto en el proceso de tránsito del franquismo a la democracia, como del período de la preautonomía. Dieron también los primeros pasos juntos en muchas acciones del Consejo Regional de Murcia, el primer eslabón de la posterior Comunidad Autónoma de Murcia. Ni Agustín, muerto en el accidente de Quintanar en 1981; ni Federico, que fue gobernador civil de Murcia (1976-1980), sobrevivieron políticamente para ver los vertiginosos sucesos que ocurrieron desde que Andrés fue investido como primer Presidente de la Comunidad Autónoma de Murcia el 1 de julio de 1983. Duró poco Andrés en la Presidencia y vivió una dimisión forzada muy traumatizante que se produjo el 9 de marzo de 1984. Federico Gallo Lacárcel (1930-1997) murió en Barcelona a los 67 años de edad; Agustín Sánchez Trigueras (1926-1981) murió a los 55; y Andrés Hernández Ros (1948-2016) murió a los 68. Fueron los líderes de la UCD, del PCE y del PSOE, respectivamente.

Estos tres líderes contaban con destacadas personalidades que secundaban su liderazgo en los ámbitos de la actividad socialista, centrista o comunista. Fueron los casos de Carlos Collado y Juma Cañizares en el PSOE; Antonio Pérez Crespo, Luis Egea y Martínez Meseguer en la UCD; y Pedro Marset y Pedro Antonio Ríos en el PCE. Y una interminable relación de líderes secundarios en todas las fuerzas políticas.

Si la Transición del régimen autoritario al sistema democrático en España fue calificada como modélica por todo el mundo, aquí podríamos definirla como «Era de la Concordia». La de la Región de Murcia —parte de ese todo indivisible—, vivió esos valores generales aplaudidos internacionalmente y fueron enriquecidos aquí con una convivencia humana muy cálida donde se enfriaron las confrontaciones que parecían irresolubles, con unos políticos vocacionales puros, viejos o jóvenes, que con sus propios claroscuros, impusieron el sentido común, los ideales y la ética, superando así las intransigencias vociferantes de los ultras de cualquier signo. En aquellos momentos se tenía la convicción de que, si mirábamos hacia atrás desde cualquiera de las orillas, nos convertiríamos en estatuas de sal, y volveríamos a las andadas. Contar con estos tres líderes tan decididos y eficaces fue la fortuna infinita que tuvimos, porque controlaban la mayoría absoluta del espectro ideológico político, salvo el resto que estaba formado por una minoría que también colaboró, por activa o pasiva, en mayor o en menor medida. Federico, Agustín y Andrés murieron ya, pero dejaron a muchos amigos o compañeros, jóvenes entonces, y aunque ya viven muy pocos, son los encargados de guardar la memoria de sus aciertos, siendo benevolentes con sus pequeños errores.

Federico Gallo Lacarcel, gobernador civil de Murcia.
Foto: Archivo de *La Verdad*

31

Federico llegó al Gobierno Civil en un tiempo turbulento, confuso e inestable. Fue pieza clave en la articulación de la UCD. Su peor obstáculo fue que era un triunfador, pero se hizo perdonar ese pecado. Fue una gran estrella de TVE con su enorme éxito de «Esta es su vida». Se hizo respetar y querer y al marcharse de Murcia se le dedicaron homenajes y honores de los partidos políticos, organizaciones sindicales, empresariales y culturales, como ningún otro político haya vuelto a recibir. Basta con escuchar el programa resumen de estos testimonios, conservados en la fonoteca de la mítica Radio Juventud de Murcia, heredada por RNE.

El Partido Comunista de España estaba todavía casi en la clandestinidad. Era el año 1977. Lo que voy a contar parece surrealista, pero ocurrió algo que simplificó todo y la situación del proceso mejoró para todos urdiéndose una reunión secreta. Los que no conocieron las virtudes cívicas y políticas de Federico y Agustín, difícilmente podrían comprender la sólida amistad y lealtad que recíprocamente nació entre ambos: el poderoso Gobernador civil de la época y el secretario general del Partido Comunista. Nació en una noche durante una cena a la que los invité en Casa Rambla y ambos aceptaron su conformidad dos horas antes. Nunca ha-

Agustín Sánchez Trigueros, secretario general del PCE
en la Región de Murcia. Foto: Pepa Jimenéz

bían hablado, ni siquiera coincidido casual-
mente en algún otro lugar. Marcos el del
Rambla nos preparó un comedor privado
con la mayor reserva. Algún camarero dio
el chivatazo a los socialistas y la barra del
bar se inundó de una multitud de dirigentes
socialistas expectantes. De ahí no pasaron,
mientras nosotros tres permanecimos allí

ocultos, hasta entrada la madrugada. Bebida no nos faltó. Al final terminamos cantando los tres «Asturias, patria querida». Al día siguiente, periodistas y fotógrafos vieron entrar en el Gobierno Civil a Pérez Crespo cogido del brazo de Agustín Sánchez Trigueros.

Agustín fue protagonista de una vida y un historial político de leyenda. Muy joven abandonó su Blanca natal y se exilió a Francia con el sobrenombre de «Emilio». Era uno de los correos más activos entre la dirección del PCE en el extranjero y los grupos comunistas que vivían en la clandestinidad en España. No he conocido en política o en la vida, a una persona más generosa y leal que él, sin el menor rasgo de vanidad, ni egoísmo. Su juicio sereno y análisis certeros fueron esenciales en aquel tiempo. Algunas veces le decía que había confundido su vocación porque su actitud era la de un cura rural cultivado, y sin embargo fue siempre un revolucionario convencido, pacífico y democrático. Su primer acto a diario era ir a mi despacho en la radio para tomar juntos el primer café de la mañana.

De Andrés Hernández Ros y su perfil humano y político, hablaremos en un episodio posterior donde analizaremos más ampliamente sus aportaciones, fallos y aciertos.

Andrés Hernández Ros, presidente de la Comunidad
Autónoma de la Región de Murcia.
Foto: Archivo de *La Verdad*

Unas líneas sí que se merece la mítica Radio Juventud de Murcia donde se realizaron hazañas y gestas radiofónicos en ese tiempo, que parecen imposibles. Promovió una

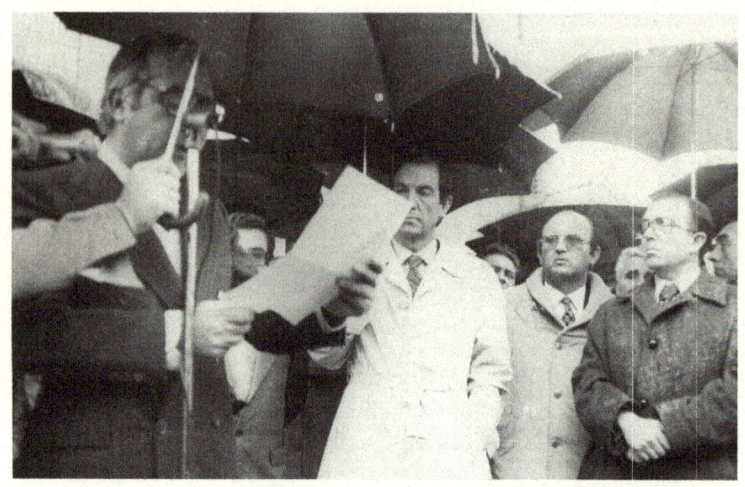

Acto inaugural del monumento en recuerdo de los niños muertos en Ortuella (Vizcaya), presidido por el lehendakari Carlos Garaikoetxea (10/01/1981).
Foto: Archivo de AFA

campaña de ayuda a Polonia en esos años, con donaciones de los murcianos hasta formar un tren convoy con 28 vagones que salieron de Murcia y recorrió toda Europa hasta llegar a Varsovia. El aliento y ayuda de Andrés fue decisivo.

También en aquellos tiempos de la Transición Radio Juventud de Murcia protagonizó otra gesta memorable. El 23 de octubre de 1980 una gran cantidad de gas acumulado hizo saltar por los aires el colegio Marcelino Ugalde de Ortuella (Vizcaya). Murieron 50 niños de entre 5 y 6 años, dos profesores y una cocinera. Inmediatamente organizamos

Monumento donado por Murcia promovido
por Radio Juventud a las víctimas de Ortuella.
Foto: Archivo de AFA

un programa de recaudación de fondos y flores. En solo dos días se llenó un camión trailer isotérmico de 25 toneladas y un solo día después, las flores ya estaban en Ortuella. Con el dinero recaudado se financió un monumento en mármol blanco obra del escultor José Noja y meses después se inauguró en Ortuella el día 10 de enero de 1981. El lehendakari Carlos Garaikoetxea y Marcelino Oreja Aguirre, que entonces era Delegado del Gobierno en el País Vasco, presidieron el acto en presencia de autoridades y líderes de los partidos vascos. El día de la catástrofe, ETA ocupó su tiempo en asesinar a tres personas en distintos lugares de Euskadi y nosotros nos movilizábamos en promover la solidaridad con las víctimas. Eso ocurrió.

La industria cinematográfica española estaba paralizada en aquel tiempo y le ofrecimos entonces a Paco Rabal que viniera a Murcia para protagonizar una serie radiofónica sobre el «Don Camilo» de Guareschi. Algún día deberían emitirlo de nuevo. Fue un serial radiofónico de bastantes capítulos adaptado por «el cura» Juan Hernández, narrando las trifulcas de un cura de pueblo, Don Camilo, con su alcalde comunista Pepone. Tal como ocurría en la España de la época que estamos narrando. Memorable fue también la representación radiofónica de «Don Juan Tenorio» de Zorrilla, interpretado por todos los líderes políticos y sindicales de ese tiempo. Tenían que haberlo oído ustedes. Ciriaco de Vicente (PSOE) era Don Juan Tenorio, Adrián Ángel Viudes (UCD) Don Luis Mejía, Cano Vera Ciutti, Doña Inés la jovencísima doncella Mari Carmen Moreno (UCD), Brígida una destacada militante del PCE, y así hasta los pequeños papeles e incluso de malditos, donde estuvieron también hasta los de la ORT y el PTE. Todos tuvieron un papel. Papeles que en más de una ocasión volaron por el aire en el estudio de grabaciones. Sobre todo, cuando Cano Vera se irritaba. Las noticias de «Don Camilo» y «Don Juan Tenorio» dieron la vuelta al mundo.

# ELECCIONES CONSTITUYENTES (1977) Y GENERALES (1979). SEMBLANZA DE LOS PARTIDOS POLÍTICOS Y OTRAS CONSIDERACIONES

Recoger en este epígrafe los nombres de cuantos protagonizaron la acción política en mayor o menor grado en la Región de Murcia es mi propósito; describir pormenorizadamente la aparición y desaparición, y grado de intensidad de los distintos partidos políticos en su acción política; analizar los debates e interioridades de la redacción del Estatuto de Autonomía y seguimiento de su elaboración, es tarea imposible. Para ello se necesitaría un equipo multidisciplinar y mucho tiempo, creado *ex profeso* para tal fin, y a mi juicio poco nuevo añadiría. Es por ello que hayamos diseñado otro método distinto basado en la memoria y el testimonio personal, describiendo hechos sobresalientes que nos trasladan al núcleo duro, a la esencia y definición de aquel trance, sin que falte el rigor y el dato preciso que lo avale.

El primer dato que debemos conocer es lo que dijo el pueblo, cómo desenredó el ovillo de tantas siglas de partidos activos, hasta definir qué partidos políticos deberían culminar todo el proceso del tránsito. El pueblo dijo y decidió lo siguiente en la Región de Murcia. En las elecciones constituyentes del 15 de junio de 1977, con el 41,17% de los votos emitidos le dio estos 4 diputados a la UCD: Joaquín Esteban Mompeán, Antonio Pérez Crespo, Mario Arnaldos y Jesús Martínez Pujalte; y al PSOE con el 35,33%, le dio otros cuatro: Ciriaco de Vicente, José Antonio Bordés, Francisco Vivas y Francisco López Baeza. AP con el 6,84% y PCE con el 6,76% no consiguieron ningún diputado. Dos años más tarde se celebraron las Elecciones Generales del 1 de marzo de 1979. PSOE y UCD tuvieron un empate técnico, separados solo por unas décimas. PSOE con el 39,93% consiguió nominar a estos cuatro diputados: Ciriaco de Vicente, Diego Pérez Espejo, Dionisio González Otazo, y José Plana Plana; y UCD con el 39,25% sus cuatro diputados conseguidos fueron: Joaquín Garrigues Walker, Ricardo de la Cierva, José Antonio de la Casa y Enrique Egea Ibáñez. En tercer lugar, quedó el PCE con el 7,9% y en cuarto lugar la Coalición Democrática de Fraga con 5,7%, ambos sin diputados.

En la preautonomía hubo una gran avalancha de líderes. Líderes históricos venidos

Adolfo Suárez paseando por la calle Trapería de Murcia durante las elecciones generales.
Foto: Archivo de *La Verdad*

desde el exilio con su mochila ética y testimonial y otros que aquí estuvieron luchando por la implantación de la democracia. Pero el núcleo más importante fue el ejército de líderes jóvenes que procedían del ámbito

Adolfo Suárez junto a líderes de UCD.
Foto: Colección de Miguel López Guzmán

universitario, los llamados PNN (Profesores no numerarios), nacidos con la democracia, y otros que, bueno o regular, o malo, tenían un oficio reconocido. Muchos, hace tiempo que se jubilaron, y otros no viven ya. Se acabaron los líderes. Hoy en la política tenemos profesionales políticos en vez de líderes. Líderes fueron, aparte de los citados con anterioridad, Carlos Collado en un primerísimo puesto, María Antonia Martínez, José Méndez Espino, José Manuel Garrido, Antonio Martínez Ovejero, Jorge Novella, José María Aroca, José Plana, Miguel Navarro y otros por el PSOE. Luis Egea, Antonio Pérez Crespo, José María Llamas, Pedro Jiménez, Adrián Ángel Viudes y Santiago Vidal,

42

Felipe González en la plaza de toros de Murcia, en las elecciones generales.
Foto: Colección de Miguel López Guzmán

por UCD; Pedro Marset, Elvira Ramos, Pedro Antonio Ríos, por el PCE. Y tantísimos otros no citados, pero cuya labor y entrega les hace merecedores del reconocimiento a su aportación.

Para enriquecer el contenido político en este epígrafe, hemos pedido a tres excepcionales expertos que se sumaran a este proyecto donde cada uno de ellos analiza desde su óptica personal, la trayectoria de los tres grandes partidos hegemónicos de este momento histórico. Todos testigos de ese tiempo. El veterano maestro de periodistas y columnista de La Verdad Tito Conesa narrará todo lo que afecta a la Unión de Centro Democrático (UCD); el catedrático emérito de

43

Derecho Constitucional de la Universidad Complutense de Madrid, el murciano Antonio López Pina, lo relacionado con el Partido Socialista Obrero Español (PSOE); y el histórico político murciano Pedro Antonio Ríos Martínez, lo hará sobre el Partido Comunista de España (PCE). A los tres agradecemos muy sinceramente su generosidad y la calidad del esfuerzo realizado.

De derecha a izquierda: Adolfo Suárez, Federico Gallo y Ernesto Andrés Vázquez.
Foto: Archivo de *La Verdad*

El periodista Tito Conesa, testigo de este tiempo, escribe: «En 1976, la inflación acumulada era casi del 20% y la inestabilidad política y social, palpable. España registraba manifestaciones masivas al eslogan de «libertad, democracia, amnistía y estatuto de autonomía» y se sucedían huelgas y conflictividad laboral. Aquel verano el españolito se evadía con Los Golfos y un «qué pasa contigo tío/contigo no pasa ná». Pero sí que pasaba. Fue una sacudida inesperada, una noticia política de monumental calado: el Rey Juan Carlos I, que tenía los poderes omnímodos que le había dejado Franco, nombró presidente del gobierno a Adolfo Suárez, el escasamente conocido ministro secretario del Movimiento del Gobierno efímero que había presidido Arias Navarro, despedido por el Jefe del Estado dos días antes. Una noticia de monumental calado para dar el finiquito a un régimen aniquilado y abrir paso a la democracia.

En Murcia, Antonio Pérez Crespo, abogado y empresario que ya había mostrado inquietudes políticas al presentar su candidatura a la Presidencia de la Diputación Provincial con la única pretensión de que funcionaran las urnas, ultimaba con Joaquín Esteban Mompeán y José Moreno Velasco, la creación de la Unión Democrática Murciana (UDM), una representación de la recién creada UDE (Unión Democrática Española) de ideología democristiana. Pérez Crespo sabía por dónde iban los entresijos de aquel complejo, e incierto entramado político urdido desde las élites. Así lo indica el hecho de que entre las filas de la UDM figurara la «institucionalidad política, económica y administrativa de la Región de Murcia mediante el reconocimiento de su personalidad». Se estaba fraguando el Estado de las Autonomías y Murcia reclamaba su personalidad. Todo iba muy rápido, la reforma política tenía que adelantarse a los partidos rupturistas. Prisas. «Café para todos» dijo Clavero Arévalo, ante lo que Pérez Crespo, entonces presidente de la preautonomía, pudo sortear la inaceptable oferta del ministro: integrar Murcia en Andalucía, Valencia o La Mancha. Nada menos.

Ya en las primeras elecciones democráticas del 15-J de 1977, el cabeza de lista por UCD fue Joaquín Esteban Mompeán, secretario general de Gobierno Civil durante 15 años, de quien se dijo entonces que tenía amistad personal con Adolfo Suárez, por el veraneo de ambos en Campoamor. Fue miembro del Consejo Político de UCD y presidente Regional, cargo que no mantuvo en las elecciones internas de 1979, que ganó el exministro de Obras Públicas, Joaquín Garrigues Walker, al que Murcia debe la puesta en marcha del Trasvase Tajo-Segura, de cuyo Partido Demócrata y Liberal, también

Congreso Provincial de Alianza Popular en Murcia,
presidido por Manuel Fraga.
Foto: Archivo de *La Verdad*

integrado en UCD, era Presidente Regional, Adrián Ángel Viudes, jefe de la oposición en el Ayuntamiento de Murcia donde obtuvo 12 concejales, frente a los 13 del socialista José María Aroca, quien se hizo con la alcaldía sumando los dos ediles del PCE.

No es de extrañar, pues, que los grandes valedores de Garrigues, fuesen el propio Viudes y el entonces poderoso secretario general de la UCD, Juan Martínez Meseguer, además de otro hombre importante del partido, Luis Egea Ibáñez, farmacéutico y profesor investigador del CEBAS, quien precisamente sucedió en la presidencia centrista a Garrigues tras el temprano fallecimiento de este.

47

En la configuración del centrismo político murciano y el complejo tránsito a la democracia es obligado citar a Federico Gallo, gobernador civil; Clemente García, alcalde del régimen franquista; y además de los susodichos, el catedrático Enrique Egea, quien siguió con el partido que fundó Adolfo Suárez, el CDS, del que fue presidente y portavoz. Junto a otros nombres asimismo importantes, que la tiranía del espacio deja en el tintero, cabe opinar como testigo que, marginando aciertos o errores, la contrastada aptitud de sus protagonistas favoreció la actitud de concordia para culminar la reforma política que llevó a España de la ley a la ley».

Activando su memoria personal, el catedrático murciano Antonio López Pina reseña aquí sus recuerdos del PSOE de aquel tiempo. «Érase la primavera de 1977. Una sociedad ansiosa por recuperar el tiempo perdido se desembarazaba de un pasado enojoso. Un monarca impuesto y desconocido servía de metáfora a las ambigüedades de la situación. España estaba en trance de dar a luz, negando el pasado, pero sin llegar a disponer de una visión para el futuro. A cuestas con dos siglos de aberraciones, una vez más nos las sabíamos con el «problema de España»; y todos los españoles, a mis cuarenta años yo el primero, nos hacíamos la ilusión de que la Historia podía volver a empezar.

En medio de las contradicciones e incertidumbres de esa época, el deseo de formar parte de las Constituyentes vibraba en mi ánimo. Debo a Eduardo Ruiz y José Méndez que el Partido Socialista me promoviera como candidato independiente para la «Coalición por un Senado democrático».

A tales creencias se sumaron en Murcia, a propia iniciativa, Carlos Calleja, catedrático de Hacienda, Facultad de Derecho, miembro de la ejecutiva del PSOE; José María Aroca, médico de profesión y notable de amplio reconocimiento entre la burguesía murciana, el radiólogo Inchaurrandieta, figura del partido comunista, Luis Egea Ibáñez, Adolfo Fernández, un profesional de la radio amigo de mi adolescencia, y el periodista García Martínez.

Mi aterrizaje en el Partido Socialista de Murcia no fue fácil. Con las excepciones de rigor, aquello era un enjundio de pequeñas ambiciones, intrigas e incompetencias que me resultaba extraño. El cabeza de lista de los candidatos al Congreso no ayudó precisamente a mi integración partidaria. Para mí, se trataba de una jungla, en donde no solo no acertaba a saber cuál era mi lugar, sino tan siquiera, si podría estar seguro de

Alfonso Guerra, en un mitin en Murcia,
en las elecciones generales de 1979.
Foto: Colección de Miguel López Guzmán

la firmeza del suelo bajo mis pies. El único socialista que mereció mi respeto fue Andrés Hernández Ros.

Hice caso omiso del escenario interno del partido y me volqué en la campaña electoral, una fuente de emociones sin fin. Había dejado Murcia en 1959 y volver dieciocho años después. A los sones de la Internacional me pateé arriba y abajo Lorca, Cartagena, Cieza, Caravaca, San Javier, Espinardo, y un sinfín de pueblos.

Mis sensaciones vibraban ante cada hermosa puesta de sol, ante la vista de la huerta y del mar con los amplios públicos, que, entre curiosos o interesados, acudían a los mítines del partido socialista. Contra viento y marea de las mentalidades de campanario y de las frondas partidarias, con un discurso colorista autóctono de tonos igualitarios, gané limpiamente a mis competidores a derecha e izquierda. En el último mitin, en Murcia capital, creí percibir el clamor de que Murcia me había reconocido como uno de los suyos y me iba a dar la victoria sobre mis contrincantes. Como así sucedió: la mañana del 16 de junio me encontré con mi elección al Senado, como mandato para alzar en España un Estado de Derecho como instrumento para la democratización de Estado y sociedad.»

Pedro Antonio Ríos, de gran experiencia personal, es un político sólido y comprometido que conoce de primera mano hasta el último entresijo de la realidad murciana. Él nos narra seguidamente cuanto aportó al PCE murciano durante la transición a la preautonomía. «El grito de Amnistía, libertad y Estatuto de Autonomía» resumía el sentir general de la ciudadanía con el que el PCE quería conectar para ganar la ruptura democrática con el Régimen, primero en la Junta Democrática y después en la denominada «Platajunta». El PCE aportó apoyo social y estabilidad institucional a los gobiernos municipales, dando cauce en el proceso de transición y autonómico al protagonismo de las movilizaciones obreras, vecinales, estudiantiles y sectoriales; maestros, profesores y sanitarios, que dinamizaban una vida social activa y reivindicativa.

Cuando era presidente de la Asociación de Antiguos Alumnos de Magisterio y de la Asociación de Vecinos del Barrio del Carmen me invitaron en junio de 1976 a la reunión de la Junta Democrática en la casa de Diego Pérez Espejo en Cartagena y poco después a la reunión del Comité Regional en el chalet del empresario cartagenero Miguel Martínez y ahí conocí a «Emilio» (Agustín Sánchez Trigueros) quien a la postre lideraría este proceso uniendo al exterior recién llegado con los nuevos militantes nacidos de las luchas sociales en el interior.

Cuando se hablaba de «el partido», todo el mundo se refería al PCE, fuese militante o no, por tanto, no era creíble la democracia sin él, y no era separable la libertad de la autonomía plena para todas las Comunidades o Regiones. Defendimos hasta el final en la elaboración del Estatuto de Autonomía la vía del 151 de la Constitución y el techo competencial con educación y sanidad, a la vez que nos oponíamos a las cinco circunscripciones pactadas por UCD y PSOE en la disposición transitoria primera y veíamos con buenos ojos una región más amplia que la sola provincia de Murcia. Posición que mantuvimos en los plenos municipales y con panfletos a las puertas de la Asamblea de Municipios de Totana.

En las constituyentes del 77, Murcia propuso a Agustín Sánchez Trigueros para encabezar la candidatura al Congreso y Ana Emilia Martínez Gallego al Senado, maestra, madre de cinco hijos, cristiana y persona que humanizaba la política y al propio partido; pero el Comité Central cambió el cabeza de lista por Salvador Madrid Cabezos a instancias de Antonio Hoyos y como aproximación al movimiento agrario que comenzaba con la FUARM (impulsada por Pepe Egea en el PCE) y a nivel del Estado, la COAG. Disciplinadamente se acató; pero no dio el resultado esperado, obteniendo apenas treinta y seis mil votos.

La proyección pública del partido contó con una presencia activa de tres parejas de prestigio social, muy conocidas. Pedro Marset y Elvira Ramos, Fernando Muñoz y Mercedes Reverte, Manolo Valera y Pilar Royo. Aunque el peso real a partir de abril de 1979 fue mi preferencia municipal y su incorporación al gobierno de los primeros Ayuntamientos democráticos por el pacto

PSOE-PCE, con José Luis Martínez en la alcaldía de Fortuna y tenencias de alcaldía en los grandes municipios: Cartagena, Pedro Gadea; Murcia, José Luis López Mesas; Totana, Ginés Carreño; Yecla, José Santa Férriz; Molina de Segura, Peter; Alhama; Lorca; Cieza; Moratalla; etc. Defendíamos municipalizar y comarcalizar el proceso autonómico para fortalecer los Ayuntamientos dotándoles de más recursos y competencias desde la autonomía.

El PCE, tercer partido en votos, no obtuvo escaño en las elecciones constituyentes del 77, ni en la diputación provincial, pero fuimos invitados junto a otros partidos sin representación, Alianza Popular, Partido Cantonal y Mariano Yúfera a participar en el proceso de elaboración del Estatuto y a las reuniones de Floridablanca. Nuestro representante era José Pascual Ortuño, pero quien mantenía la dirección política del proceso era Agustín como secretario general, con el apoyo leal de Pedro Marset, su imagen pública más prestigiada. El proceso entró en su fase final, tras el 23F y el contundente triunfo electoral del PSOE en 1982 que gestionó con habilidad Hernández Ros en Murcia.

El accidente de Quintanar de la Orden y la muerte de Agustín hizo que no interfiriera

Ana Emilia Martínez Gallego, Agustín Sánchez Trigueros,
Pedro Marset y Santiago Carrillo del PCE.
Foto: Colección de Miguel López Guzmán

en el acto solemne de entrada en vigor del
Estatuto en el Almudí en julio de 1982, como
secretario general del PCRM-PCE elegido
con la presencia de Santiago Carrillo en el
Congreso constituyente de febrero, en la antigua Casa de la Cultura de Cartagena. En
ella resaltó la comarcalización y la reclamación de «consolidar la autonomía como tarea
de todos los grupos y no solo de uno, por mu-
cha mayoría absoluta que tenga y de eso aún
adolecemos hoy, más que entonces». Hasta
aquí este es el testimonio de Pedro Antonio
Ríos.

Carlos Collado, que también fue el presidente de la Comisión redactora del Estatuto,

me recordó para un artículo mío publicado en *La Verdad* el 28/09/2014, que las circunscripciones electorales autonómicas fueron una forma de compromiso provisional, porque no avanzaban en la negociación del resto de los acuerdos. Releyendo a Pedro Antonio, comprendo su matiz. Cuando hablaban los dos grandes partidos de circunscripción (reparto del pastel electoral), ni siquiera pasó por su imaginación comarcalizar la región (descentralizar más y autogestión), que de eso se trataba. ¿Para qué íbamos a hablar de comarcas naturales organizadas como tales, ni mancomunidades municipales, ni áreas metropolitanas, que es lo único que le daría sentido como servicio real al ciudadano? De modo que la respuesta a esta pregunta encontrará contestación en el epígrafe 10, donde se habla de la Proclamación del Estatuto de Autonomía.

# ANDRÉS HERNÁNDEZ ROS
## (1978-1984)

He escrito varios artículos periodísticos sobre Andrés Hernández Ros (1948-2016), todos laudatorios, desde que predominó en la calle una narración jocosa prefabricada, ridiculizando su personalidad, elaborada y divulgada por aliados de su propio partido. Todo lo culminé con un obituario muy sincero y sentido a su muerte, publicado en el ABC, gracias a la generosa invitación de Alberto Aguirre. Para comprender la grandeza de su gestión en la transición murciana, es imprescindible mirar en el espejo donde se refleja la imagen de Andrés y esos días de transición que todos esperábamos de sangre, venganzas, confrontación, intolerancias y miedo, no solo fueron de paz, convivencia y armonía, sino también de ilusión, generosidad y positivismo. Todo el ritmo de su vida transcurrió acompasado entre los hechos históricos que le tocó vivir y su compromiso personal, contradicciones

Andrés Hernández Ros. Foto: Juan Leal
(Catálogo Exposición «Juan Leal, fotoperiodista murciano
entre dos siglos» Fundación Cajamurcia)

y aciertos, utopías y errores, sueños imposibles de progreso y traiciones encadenadas, todo al mismo tiempo.

Andrés es el símbolo de la hostilidad política y pública. Después de él, y ahora, cuando tantísimos políticos arrastran sus miserias y deshonestidad ante los tribunales y el ejercicio de la política, salvo excepciones, ha quedado reservado para mediocres sin oficio reconocido, en Andrés tienen el paradigma de un hombre austero y con ideales extraídos de la clase trabajadora, frente a los bulliciosos revolucionarios de salón de ahora que quieren destruirlo todo y acabar con el «régimen del 78». Aquí tienen un ejemplo de lo que otros hicieron para implantar la democracia. Solo por defender su ideología socialista, por pedir democracia y libertad, lo encarcelaron fabricándole la policía una falsa y cruel historia de activista dinamitero que planeaba la voladura del Pantano del Cenajo. Allí estuvo en una celda de la cárcel con toda dignidad, junto a otros muchos, y salió sin tramar personalmente revancha posterior alguna. Tenía prisa por cambiarlo todo, por hacer cosas nuevas cada día, afrontando proyectos que él creía ambiciosos y de progreso. Le hubiese bastado su dedicación a la transformación de la vieja administración, y desguace de la Diputación Provincial liderando la puesta en marcha de la nueva Autonomía para mantenerse años en el poder, pero guiado por su visión telúrica, quiso hacerlo todo en un día. De todos esos proyectos daremos cuenta en otro epígrafe con el título «Los grandes sueños fallidos».

Buscó a las personas más brillantes y prestigiosas a las que trasladó la delegación de todo el poder. Incorporó a muchas personas moderadas para desarrollar el proyecto político que encarnaba el PSOE, y también es verdad, que recibió las deslealtades y traiciones de algunos. Lo que ocurrió es que por propia iniciativa, aceptó voluntariamente ser el catalizador de los errores propios y ajenos sin derivarlos a nadie más, asumiéndolos ante la opinión pública como único responsable. Permítanme una breve interpolación. En tiempos de Andrés Hernández Ros se levantó casi toda la arquitectura autonómica, inventándola entre todos, equivocándose y corrigiéndola; siempre que se daba un paso, aparecía una mano salvadora que nos evitaba caer por el precipicio, e incluso cayendo, se reparaba el error causado, rescatándonos del fondo del abismo. Aquellos tiempos de la Transición fueron como Fuenteovejuna, donde el pueblo respondía al unísono: «Fuenteovejuna, todos a una».

Le exponía esta metáfora a Enrique Amat, socialista íntegro y coprotagonista de aquellos tiempos, cuando él mismo me ratifica con nombre y apellidos un caso excepcional. El de Mariano Funes Martínez cuya vida fue doblemente modélica, como persona y

Secretario General de la extinta Diputación Provincial. Cuando estaba haciéndose el «harakiri» desmantelándola para que naciera el Consejo Regional, aconsejó a los recién llegados que actuaran rápidamente ya que todos los acuerdos, disposiciones, y otros, aprobados en Junta de Gobierno, eran nulos de pleno derecho porque no habían sido publicados. Entonces no se estilaba mirar antes el color y número de la camiseta del contrario, sino el bien común. El 31/12/79, ese último día del año 79, salió a la calle el Boletín Oficial de la Región de Murcia que contenía todos los documentos no publicados, y su ejemplar número 0, subsanó el gran olvido. Así quedó legalizado todo el proceso inicial del edificio autonómico.

Andrés Hernández Ros entró pobre y salió después sin nada donde agarrarse, y finalmente también murió pobre. Hasta tal punto que, años después, Josefina su mujer y yo, cuando regresó de nuevo al hogar murciano, ya enfermo y a la vuelta de sus propios sueños rotos de Chile y Senegal, tuvimos que ir de carreras, de despacho en despacho, porque no le quedó gestionada su pensión. Siendo Presidente, ni se acordaba de cobrar, y cuando lo hacía, lo prestaba a la gente o lo daba a su Partido. Parece ciencia ficción esto que narro, pero así era de austero. Así era también su alimentación, a base de hervidos y tortillas de un solo huevo. Un día, Raimundo el del Rincón atendía a una mesa de comensales a los que recitaba una letanía de opciones de la carta para que eligieran el plato principal y confeccionar así la comanda. Andrés se encogió de hombros, le daba igual, y Raimundo insistió: «¿Le pongo una lubina del Mar Menor a la sal?». «Pues bueno, lubina mismo». Un asistente notable, también fallecido, lo divulgó ampliamente, tergiversando aquella contestación displicente, creándole la falsa imagen de un nuevo rico glotón. A partir de entonces vivió con el apelativo «lubina mismo».

Se construyeron falsas historias y acusaciones desmesuradas desvirtuando su excepcional aportación al advenimiento de la democracia e implantación de la Autonomía. Al día siguiente del escándalo del intento de soborno de unos periodistas, almorzamos en mi casa Andrés y yo, con una tercera persona, y redactamos una carta dirigida al director de *La Verdad* publicada un día después con fecha del 3 de marzo de 1984, que firmó, respetando hasta la última coma. Aún conservo el borrador manuscrito sobre páginas en blanco del «Elogio a la locura» de Erasmo de Rotterdam, el libro que estaba leyendo entonces.

Días más tarde dio un ejemplo político mayúsculo. Antes de que pudiera tomar más cuerpo, abortó el escándalo dimitiendo por el bien de su partido y la Región. Solo por un supuesto error político que era atribuible a otros, no a él, ni tampoco por vaciar los cajones, como otros. Vivió una dimisión forzada muy traumatizante y finalmente se archivaron las diligencias iniciadas.

Hoy, con sus errores y aciertos prescritos tras su muerte, nace la leyenda de un hombre justo que accedió a la política desde su condición de obrero y no intelectual y que supo acompasar el ritmo de sus ideales con la austeridad y la honradez.

# TARRADELLAS Y MURCIA
## (1978-1980)

De entrada puede parecer extemporáneo o fuera de contexto la aparición en este libro del nombre de Josep Tarradellas (1899-1988), vinculándolo en primera línea en la genealogía de la transición murciana y su predisposición y apoyo en el proceso de construcción de la arquitectura autonómica murciana. Le ocurrirá así a los olvidadizos que quedan vivos aún y no profundizaron en el simbolismo y trascendencia de esa relación. Y mucho más lo será para todos aquellos que por razones de edad y falta de información de cuanto ocurrió en esa etapa, desconocen la verdadera historia de cuanto pasó y porqué. Tarradellas y Suárez fueron los nombres básicos a los que siempre deben citarse cuando se habla de la construcción de la España autonómica.

Para conocer la empatía existente entre Tarradellas y Murcia, y su reciprocidad, basta con repasar la prensa de aquel tiempo y se

Josep Tarradellas, president de a Generalitat de Cataluña.
Foto: Archivo de Generalitat

66

comprenderá toda la trascendencia que tuvo aquella relación. Sobre todo, en las páginas de *La Verdad*, dirigida entonces por el inolvidable J.F. Sardaña, muy abundante en el período 1978-1980. Tarradellas se comprometió a impulsar y acelerar la construcción de la autopista del Mediterráneo, dándole preferencia a un primer tramo Barcelona-Murcia por ser del máximo interés público para Cataluña y esta Región. Esto parece ciencia ficción a día de hoy. Que pudiese existir tal consenso entre Cataluña y Murcia, comparado con estos tiempos donde solo se habla de independentismo y rupturas. Esta idea se concretó en varias reuniones entre Tarradellas y Hernández Ros, y también con otras instituciones regionales murcianas. Vino aquí en dos o tres ocasiones por distintos motivos, lo que es mucho, porque su mandato real como President de la Generalitat sólo duró prácticamente dos años, desde 1978 a 1980, ambos inclusive, aunque su nombramiento se produjo el 17 de octubre de 1977. También aceptó y se comprometió a actuar como mediador en el proyecto del trasvase del Ebro, que consideraba viable siempre que las aguas trasvasadas excedentarias no fueran necesarias para Cataluña.

En aquellos tiempos, la naciente Comunidad Autónoma de Murcia era solo un em-

Hernández Ros, en su primera visita al Palau de la
Generalitat, recibido por Tarradellas en 1979.
Foto: Archivo Generalitat

brión. Se funcionaba por impulsos y disposiciones transitorias, como le sucedía también
a Cataluña. Autopista y trasvase, esos dos
planes, era imposible recogerlos en docu-
mento válido alguno para dejarlos firmados
documentalmente. Solo fueron un compromiso, una sincera voluntad política de que
así fuera mañana. Luego, la avanzada edad
y la brevedad de un mandato de solo dos años
imposibilitaron lo demás. Hasta Cataluña
estaba negociando aún con el Gobierno de
Suárez su perfil y las transferencias de competencias, recuérdese la decisiva reunión

en la Moncloa entre Suárez y Tarradellas, donde este último amenazó con marcharse de nuevo al exilio si no aceleraban las transferencias. En la Región de Murcia todo era mucho más complicado, ya que el proceso de desaparición de la Diputación no se había concluido y ni siquiera se había constituido formalmente el Consejo Regional de Murcia, ya que este se formalizó el 5 de mayo de 1979. Es decir, todo era un puro vértigo.

Por ejemplo, la financiación de la preautonomía murciana dependía de las transferencias económicas efectuadas por la Diputación Provincial que presidía el socialista Carlos Collado Mena, y aquí debo hacer una interpolación para destacar el importantísimo legado político generado por él durante la transición, la preautonomía y el sufrimiento y la crueldad inhumana a la que se le sometió en el caso Casa Grande. La Región de Murcia está en deuda con él. Sirva como consuelo este mínimo homenaje.

Fui invitado por la Casa Regional de Murcia y Albacete en Cataluña para intervenir como pregonero de sus fiestas en el acto que se celebró en su sede de la calle Puertaferrisa el 2 de septiembre de 1978. Y acepté honradísimo. En el mes de julio ya tenía terminado el discurso y Tarradellas también había pronunciado antes lo de «Ciutadans

Tarradellas en el balcón central del Palau,
recibe la imposición de la montera
y el bastón de Perraneo Mayor
de la Huerta de Europa.
Foto: Colección del autor

de Catalunya, ja sóc aquí». Mi discurso era
un canto de alabanza a la migración, ya que
nosotros los murcianos fuimos los más nu-
merosos de cuantos llegaron allí en busca de
trabajo ayudando a construir el metro o la
Exposición Internacional de 1929 y el desarrollo de la nueva Cataluña. Eran tantos los
«charnegos» de esta tierra nuestra llegados
a Cataluña, que a los andaluces, gallegos
o extremeños, por extensión, se les llama-
ba también murcianos. Me di cuenta que el
«ciutadans de Catalunya» sería la esencia
de su acción, de la ideología integradora de
Tarradellas. Y acerté. Coincidía también

con el reconocimiento de integración y respeto que yo pedía para «els altres catalans». Le escribí una carta adjuntándole el pregón rogándole que asistiera y presidiera el acto. Al día siguiente de recibir la carta, su jefe de protocolo Raúl Rancé, no solo me confirmó la aceptación del President, sino que este me rogaba que fuese a Barcelona. Fui enseguida y después volvió a ocurrir muchas veces más. Había nacido una amistad que duró hasta la muerte de Tarradellas en 1988. Ambos teníamos hasta cuarenta años de diferencia de edad. Él venía del extranjero desconociendo todo sobre España, y yo era un joven despierto, con ideas y con ganas de ayudarle. Eso pasó.

Ricardo de la Cierva, Hernández Ros y Tarradellas,
aplauden a Narciso Yepes terminado su concierto
en el Palau de la Generalitat.
Foto: Archivo Generalitat

71

Hernández Ros, desde que se enteró del acto de Puertaferrisa me alentó a fomentar el fortalecimiento de las relaciones Cataluña-Murcia, y lo hicimos con tanta fortuna que enmarcaron todo el mandato de Tarradellas como Presidente de la Generalitat y esto es lo que justifica este epígrafe titulado «Tarradellas y Murcia». El 2 de septiembre de 1978, fue uno de los primeros actos públicos de su mandato presidiendo el acto de Puertaferrisa. El último que presidió fue el 9 de marzo de 1980, con la Plaza de San Jaime abarrotada, presidiendo la gran fiesta del hermanamiento de Cataluña y Murcia. Los datos no pueden ser más simbólicos.

Once días más tarde, el 20 de marzo de 1980, se celebraron las primeras elecciones al Parlament, con lo que concluyó su presidencia. El diario *La Verdad* del 11 de marzo de 1980, nos mostró en abundantes páginas interiores la fiesta del hermanamiento con este titular: «Emoción a raudales. Tarradellas, «Perráneo» mayor en la huerta de Murcia». Ese día cogió el bastón que lo certificaba y cambió la barretina por la montera. Si no existieran la prensa y fotografías abundantes de esa época, alguien podría pensar que estoy narrando un cuento de hadas.

# SEMANA DE MURCIA EN CATALUÑA
## (MARZO DE 1980)

Durante el periodo preautonómico se partió de cero y la búsqueda del consenso y de la concordia, fue el denominador común que explica toda la Transición. El embrión de la Comunidad Autónoma fue el Consejo Regional de Murcia que surgió con el Decreto Ley 30/1977 y desapareció el 10 de julio de 1982 con el acto de proclamación del Estatuto celebrado en el Almudí. Se creó como ente preautonómico un órgano de transición que debía actuar en colaboración con la Diputación Provincial, que finalmente quedaría absorbida. Tuvo dos fases, una primera muy breve (noviembre de 1978- marzo de 1979) que presidió Antonio Pérez Crespo y fue el primer paso de consolidación de la democracia, las libertades y ejercicio de los derechos de los ciudadanos. Después ganaron los socialistas y, como consecuencia de los resultados electorales, Andrés Hernández Ros (PSOE) tomó posesión como segundo

Acto inaugural de la semana de Murcia en Cataluña
en el Palau de la Generalitat, marzo de 1980.
Foto: Alba

presidente del Consejo Regional el 5/5/79, hasta su desaparición el 10/7/82, con la proclamación del Estatuto de Autonomía. Posteriormente, con las elecciones autonómicas de 1983, volvió a ganar, siendo del PSOE el primer Presidente electo de la Comunidad Autónoma de Murcia hasta marzo de 1984 en que se produjo la dimisión forzada de Hernández Ros.

Todo este periodo, tan difícil de ensamblar en fechas y asuntos de nueva planta, nos sirve para que, acotándolos en el tiempo, podamos distinguir entre las bondades de la autogestión y el autogobierno reales, con el sueño que nos guiaba durante la preautonomía, culminando una fortísima proyección de Murcia en el exterior para divulgar la reclamación de nuestros dos objetivos principales: la autopista, llamado después corredor mediterráneo y el posible trasvase del Ebro, empleando la palanca de nuestra posición preferencial por los vínculos con Cataluña nacidos de nuestra fuerte presencia migratoria en esa tierra. Ese fue el significado de las relaciones y consensos alcanzados con Tarradellas durante nuestra preautonomía. Después hemos pasado desde la esterilidad por la pérdida de iniciativa y gestión, hasta llegar a la marginación o la ineficacia del sistema para afrontar proyectos como este. Fue en la última etapa del Consejo Regional cuando se ejecutó este Plan muy ambicioso y nunca más se ha intentado algo igual que se acercara a las cotas alcanzadas con la Semana de Murcia en Cataluña celebrada en Barcelona desde el 7 al 14 de marzo de 1980, ambos inclusive.

Andrés Hernández Ros me llamó y dejó en mis manos todo el diseño de contenidos y dirección integral del proyecto. En ningún momento tuve rectificaciones ni interferencias que me condicionaran, ni recibí un solo céntimo como retribución por mí trabajo. Decidí con plena autonomía. Ahí fue la sociedad civil la que organizaba desde la Cámara de Comercio, Industria y Navegación de Murcia y decidía junto a otras instituciones, no los políticos, y estaba integrado por un equipo de grandes especialistas. Se nombró un interventor del Consejo Regional llamado Diego Cervantes Díaz, que con plena dedicación fue el pagador y responsable de la ejecución del presupuesto, pero a su vez debía obtener el visto bueno del Secretario General de la Cámara de Comercio de Murcia, Patricio Valverde Megías.

En la Cámara de Comercio estaba el cuartel general. El presupuesto fue de veinticinco millones de pesetas. El Ministerio de Cultura financió el embalaje y transporte de todas las obras de arte que fueron confiadas a la empresa Macarrón, formando un convoy que fue custodiado por la Guardia Civil. La Generalitat aportó 1.200.000 pesetas en metálico, más otros múltiples servicios a su cargo. Con distintas cantidades también tuvimos subvenciones de Cajamurcia, Caja Rural, Banca Industrial de Cataluña y los Ayuntamientos de Barcelona, Murcia, Cartagena y Lorca. El resto lo aportó la Diputación Provincial de Murcia con lo que se alcanzaron los 25 millones presupuestados. También fueron muy útiles otras gestiones realizadas por el Gobernador Civil Federico Gallo, ante otras instituciones del Estado.

Acto de hermandad de Cataluña y Murcia,
en la plaza de San Jaime, marzo de 1980.
Foto: Alba

Se hicieron tantos actos y exposiciones, conferencias, partidos de tenis, fútbol y otras actividades, que algunos días era imposible asistir a todos los actos programados. Las grandes exposiciones de las imágenes de Salzillo; los mejores y costosísimos bordados lorquinos procedentes de sus procesiones y también los de la Semana Santa cartagenera que se exhibieron en el Tinell, situado en el barrio gótico barcelonés; el pregón de la Semana en el Salón San Jorge del Palau de la Generalitat. Dos grandes exposiciones de pintura murciana instaladas, una en la sala Santiago Rusiñol y la otra en el antiguo hospital de San Pablo; un concierto de Narciso Yepes en el Palau de la Generalitat; el grandioso acto de Hermandad entre Cataluña y Murcia en la Plaza de San Jaime con un gentío inmenso y todas las autoridades catalanas y murcianas en el balcón principal del Palau y actuaciones de coros y danzas de Cieza, Lorca, Yecla, y Murcia, la Cobla y el Esbart de Barcelona, Orfeón murciano, Campanas de auroros y panochistas; ciclos de mesas redondas y conferencias dictadas por competentes oradores donde reiteramos nuestro mensaje de autovía del Mediterráneo y trasvase del Ebro. Esos ponentes hablaron en el salón dorado de la Cámara de Comercio de Barcelona y en la Casa Regional de Murcia; y hasta se celebró un partido de fútbol entre las selecciones de Cataluña

Actuaciones de grupos de Cataluña y Murcia
en el acto de hermandad, marzo de 1980.
Foto: Alba

78

Inauguración de ExpoMurcia
en Alimentaria, marzo de 1980.
Foto: Alba

y Murcia que se disputaron el Trofeo President de la Generalitat en el campo de San Andrés C.F. y un torneo de tenis interclub entre el Real Club de Polo y el Murcia Club de Tenis.

Aún falta por narrar el acontecimiento más importante. Durante los mismos días de la Semana de Murcia también se celebraba simultáneamente, la Feria Internacional «Alimentaria». Allí estuvimos como protagonistas. Dentro de ella, en el lugar más noble y céntrico instalamos un pabellón de mil quinientos metros cuadrados para nuestra exposición «ExpoMurcia». Era otra feria dentro de la Alimentaria. En la planta baja estaba situada la representación de las industrias de la Región de Murcia del ámbito de la alimentación, distribuidas en 50 stands. En la planta superior un restaurante de lujo con cocinas y comedor. Allí estuvo el Rincón de Pepe de sus años gloriosos, con un joven Raimundo al frente. El éxito fue tan grande que se establecieron varios turnos de comedor para atender las demandas. El primero a las doce de la mañana, y así sucesivamente hasta las once de la noche cuando entraba el último turno del día. Todo eso tuvo lugar en la Semana de Murcia en Cataluña.

Visita de Felipe González a ExpoMurcia
en Alimentaria, marzo de 1980.
Foto: Alba

Un grupo de murcianos excepcionales, «gratis et amore», de manera altruista, fueron los artífices de esa proeza culminando esa obra como se hacía antes. Sin cobrar. Allí estuvieron Juan Guirao, Asensio Jódar, Rodríguez Robles y Joaquín Castellar al frente de todo el complejo del Tinell; El sacerdote Antero García con los Salzillos; Manuel Fernández-Delgado con las exposiciones de pintura, debates, conferencias y publicaciones; Antonio Páez Saura en el Tenis; Patricio Valverde con José Montoya en el polifacético pabellón de ExpoMurcia que consumió la mitad del presupuesto general. A todos ellos se debe el memorable triunfo de Murcia que alcanzó una gran difusión. Ese modelo que creamos nosotros intentaron imitarlo después el País Vasco y Cataluña en Estados Unidos

También hubo un programa informativo sobre las actividades diarias que duraba quince minutos transmitido por todas las emisoras de radio públicas o privadas de Barcelona y Murcia. Se hizo una potente campaña publicitaria en *La Vanguardia* y otros periódicos, y *La Verdad* que ya era un periódico regional muy influyente, se desbordó publicando varias páginas diarias y portadas. El 14 de marzo de 1980 se clausuró todo, exposiciones, ExpoMurcia y Semana. Todo coincidió con el fin de la provisionalidad de la Generalitat. Seis días más tarde, el 20 de marzo se celebraron las primeras elecciones democráticas al Parlamento de Cataluña; se jubiló Tarradellas y entró Pujol.

Jordi Pujol, ya presidente de la Generalitat, el 25 de abril de 1981, entrega la Placa de la Cruz de San Jordi a la Semana de Murcia en Cataluña en gratitud por el éxito de los servicios prestados.
Foto: Archivo Generalitat

# 23F y 27F
# (FEBRERO, 1981)

Eran las seis y veintidós minutos de la tarde del 23 de febrero de 1981 cuando el Teniente Coronel Tejero junto a un numeroso grupo de Guardias Civiles, asaltó el Congreso secuestrando a los Diputados y al Gobierno de España. Ese intento de golpe de Estado tuvo especial virulencia en la III Región militar. El Teniente General Milans del Bosch dictó el Estado de excepción que también afectaba a la Región de Murcia encuadrada dentro de la zona de su mando.

Estaba en Radio Juventud de Murcia, la emisora de la que fui director, cuando a los pocos minutos entró despavorido en mi despacho el jefe de Programación Diego Pedro López contándome lo que había visto en las imágenes de TVE; la violenta entrada en el hemiciclo de Tejero con sus secuaces, pistola en mano y disparando al techo del hemiciclo para intimidar. Después vino una hora de vértigo con llamadas telefónicas ordenándo-

El Teniente Coronel Tejero, armado y en el estrado del hemiciclo del Congreso de los Diputados el 23 de febrero de 1981, tomado como rehenes a toda la cámara.
Foto: Archivo de *La Verdad*

me la interrupción de la transmisión propia y que ordenara la conexión inmediata con RNE donde solo se oía la lectura del bando y marchas militares. Así lo hicimos. Ordené la evacuación del personal por su seguridad, quedando solo las personas imprescindibles: un técnico de sonido, el jefe de programas y yo que asumí también la función de locutor. Después se sumó voluntariamente un redactor, José María Imbernón.

Inmediatamente adopté una iniciativa que fue muy arriesgada pero clarificadora para la ciudadanía. Nadie me prohibió que diera el indicativo de la emisora, así lo interpreté yo. El indicativo quedó así: «Aquí Murcia Radio Juventud, ¡Viva la Constitución!». Lo repetía cada quince minutos. Entrada la noche, cuando habló el Rey Juan Carlos añadí «¡Viva el Rey!». Más tarde, RNE comenzaba a recobrar la normalidad informativa y sobre la una de la madrugada me puse en contacto con Eduardo Sotillos, director de Radio Nacional, ofreciéndole la oportunidad de que hablara el Presidente Autonómico de Murcia. Ninguno de los teléfonos de Andrés estaba activado. Cuando Sotillos dio el visto bueno, recurrí a Julio Feo para que Andrés me llamara urgentemente. Así fue como aquella noche el pri-

El Teniente General Gutiérrez Mellado con Adolfo Suárez
acudiendo en su ayuda el 23F.
Foto: Archivo de *La Verdad*

mer Presidente que habló para toda España fuera el de Murcia. El «¡Viva la Constitución!», fue muy eficaz. Todos los periódicos se hicieron eco en sus primeras ediciones. Nadie supo nunca el riesgo que corrí hasta que los militares sublevados que venían de Lorca, dieran la vuelta a sus cuarteles. Dos días más tarde, un par de mandos de los Geos, muy jóvenes y vistiendo de paisano, a través de un intermediario me citaron en la barra del Paco's con un vaso de whisky tintineante en la mano. El que mandaba más dijo que era un hombre con suerte. Minutos antes de que saliera el piquete que había de darme en la cara un culatazo de Cetme, se les comunicó una contraorden de regreso.

El 27 de febrero, cuatro días más tarde, los ciudadanos tomaron las calles y plazas de toda España. Nunca, ni antes ni después, se ha superado el récord de personas movilizadas aquel día. La totalidad de fuerzas políticas y corporaciones organizadoras de la manifestación del 27F celebrada en la Región de Murcia, me otorgaron ese día el más alto honor que he recibido en mi vida: ser el único orador interviniente que, en nombre de todos, dio lectura al manifiesto pronunciado a su terminación en la Glorieta, con igual texto para toda España. Los dos folios escasos leídos, fueron interrumpidos catorce

Pancarta que abrió la manifestación del 27F portada por los líderes de todos los partidos políticos y sindicatos.
Foto: Archivo de *La Verdad*

veces con aplausos y vítores de la multitud, según informó la prensa del día siguiente.

El 27 de febrero de 1981, saliendo a la calle, el pueblo español protagonizó la enorme victoria. El 23 de febrero fue derrotado definitivamente por el 27F. El 23F fuimos víctimas de los golpistas, pero el 27F protagonizamos la culminación y triunfo de la democracia. El miedo a las pistolas se transformó en una explosión de alegría y de esta forma se visualizó finalmente el triunfo de la democracia consolidada en España.

Por las calles marcharon juntos comunistas, socialistas, sindicalistas, bolcheviques o no, centristas, demócratas cristianos y liberales. Todos. Voceaban los mismos mensajes con idénticas palabras en un memorable gesto de convivencia y tolerancia. Fue el gran día de fiesta de la Era de la Concordia. La palabra común era unidad. Solo unos metros detrás de la manifestación marchaba un minúsculo grupo cerrando el mismo recorrido, integrado por MCRM, LCR, PTM, ORT... pero gritando sus propias consignas contra los de delante, aunque también pedían democracia y libertad. El mejor ejemplo de dignidad pública que he conocido, un hito histórico. Hoy, cuando después de tantos años se denigra y miente sobre el legado histórico de lo que fue aquello, haría falta un nuevo 27F, como cuando estuvo todo a punto de saltar por los aires. El 27F debiera denominarse «Día de la Concordia española».

# LA TRAGEDIA DEL PCE (1981)

En Quintanar de la Orden, a las dos menos diez de la madrugada del 29 de septiembre de 1981, les llegó la muerte «como del rayo», por decirlo con palabras de Miguel Hernández. Después de celebrar en Madrid la fiesta anual del PCE regresaba a Murcia una amplia representación de militantes y simpatizantes comunistas, distribuidos en varios autobuses. En la «curva del matadero» que circundaba Quintanar, un camión invadió el carril contrario embistiendo al último autobús de la expedición que quedó empotrado. Murieron en el acto veintitrés personas y resultaron heridas veintidós más, ocho de ellas de suma gravedad. Al final los muertos fueron veintisiete.

Esta dantesca tragedia me sirve para meditar sobre el papel tan importante y decisivo que estaba interpretando el Partido Comunista murciano en esa época de transición y primeros pasos de la preauto-

Salida de autoridades y cortejo fúnebre acompañando los
féretros de las víctimas de Quintanar,
hasta el funeral en la Catedral de Murcia.
Foto: Archivo de *La Verdad*

nomía. Parecido a lo que ocurrió en el resto de España. Gracias al PCE tuvimos una transición sosegada sin cuchillos largos, que hizo posible el alcance de una democracia fraguada con su esfuerzo, anteponiendo el bien común a sus legítimas aspiraciones políticas partidistas.

Todos los que murieron en aquel accidente de Quintanar fueron héroes de la democracia. Sin embargo, no existe el más mínimo recuerdo autonómico institucional que recuerde a aquellos héroes. Llevo reclamándolo hace muchos años, bien en mis artículos y cualquier otro medio. Ni reconocimiento ni gratitud. Nada. El olvido puro. Por extensión lo mismo digo del PCE de aquella época y sus esfuerzos por la consolidación democrática. Antes lucharon políticamente durante el franquismo y sufrieron persecución y cárceles, mientras las otras izquierdas, tan vociferantes hoy, sesteaban. Hicieron suya la Constitución, los Pactos de la Moncloa, la monarquía parlamentaria, la bandera y archivaron sus propios símbolos. Transformaron los Ayuntamientos que es donde se visualizó el fin de la dictadura y el cambio democrático. Esa fue para mí la verdadera revolución.

Todo el reconocimiento y aplauso al PCE contenido en este epígrafe es un emocionado homenaje a los fallecidos, o a los que sufrieron secuelas irreversibles en el accidente de Quintanar y está circunscrito a un periodo concreto, a la transición, la consolidación de la democracia y la construcción de la autonomía murciana, ya que, como ven, no hemos recordado otros acontecimientos, sucesos y actuaciones anteriores, que deben quedar dónde están hoy, en la historia de España. Es una exaltación de la madurez y generosidad de unas mujeres y hombres que transformaron sus ideales políticos en conductas cívicas llenas de honradez y servicios a los demás. Ennoblecieron la política

Funeral por las víctimas presidido por Santiago Carrillo y
otros dirigentes del PCE en la catedral de Murcia (1981).
Foto: Archivo de *La Verdad*

y no se sirvieron de ella. Lucharon por la democracia, todos ganamos con su esfuerzo y algunos, como los veintisiete de Quintanar, culminaron un servicio como héroes ya que murieron haciendo política.

Allí murió también aquella noche Agustín Sánchez Trigueros. Yo creo que murió como soñaba, con sus ideales intactos y junto a sus camaradas. Forjamos una grandísima amistad personal nacida en los albores de la transición, cuando él daba sus primeros pasos en Murcia al regreso de la clandestinidad. Su primer acto del día era ir a mi despacho en la radio para comentar la prensa. Agustín tuvo una vida y un historial político apasionante. Muy joven abandonó su Blanca natal exiliándose en Francia con el sobrenombre de «Emilio». Durante el franquismo fue uno de los correos más activos entre la dirección de PCE en el extranjero y los grupos clandestinos de España. Después, todas esas energías e ímpetu los dedicó a construir la arquitectura democrática española desde la óptica del PCE y sus juicios serenos y análisis certeros, fueron esenciales en los primeros pasos de la transición y preautonomía. Así fue posible su simbiosis de revolucionario inquebrantable con la de un demócrata ejemplar.

Los responsables del Partido Comunista me pidieron que hiciera las gestiones iniciales con el Obispado el día después, para las honras fúnebres. Hablé con el obispo Javier Azagra y se volcó. El funeral no solo se celebraría en la Catedral de Murcia, sino que los féretros deberían entrar por la Vía Sacra por el centro del crucero del templo hasta el altar mayor, como el más alto honor. Así fue. Hubieran hecho falta varias catedrales para albergar aquel gran gentío sin espacio para acoger a una persona más. En los primeros bancos se sentó Santiago Carrillo acompañado de otras personalidades llegadas desde distintos lugares de España. Es muy posible que para algunos de ellos, esta fuera la primera vez que visitaban una iglesia. Fue un acto muy sentido y un día de grandísimo duelo para la democracia.

Velatorio y homenaje a las víctimas de Quintanar.
Foto: Archivo de *La Verdad*

# PROCLAMACIÓN DEL ESTATUTO DE AUTONOMÍA. EL ALMUDÍ

El sábado 10 de julio de 1982 se celebró con gran solemnidad en el Palacio del Almudí el acto de proclamación del Estatuto de Autonomía. A partir de entonces y al amparo de la Ley Orgánica 4/1982 de 9 de junio, aprobada por las Cortes Generales y sancionada por el Rey Juan Carlos I, la antigua provincia de Murcia se constituyó en Comunidad Autónoma, y que a partir de ese día se denominaría Región de Murcia, con lo que accedió al autogobierno, activado de acuerdo con la Constitución Española, y el propio Estatuto de Autonomía.

Desde luego que el propio Estatuto de Autonomía después de tantos años, aún hoy, tiene una disonancia como la del espíritu y aseveración del preámbulo de la Ley Orgánica 4/1982 en su párrafo cuarto, muy lejano de la propia realidad, cuando afirma que «impulsará el desarrollo de las distintas comarcas de la Región, sobre la base de unas relaciones armónicas que permitirán terminar con los desequilibrios regionales internos», e incluso el texto legal posterior recogido en el artículo 3 del Título Preliminar, tampoco se ajusta a la realidad por cuánto nunca, ni aún hoy, se organizaron de facto las comarcas. Eso sí, los ponentes aprobaron aceleradamente, deprisa y corriendo, una fórmula de compromiso recogida en la Primera Disposición Transitoria que atendía a la creación de las circunscripciones electorales, tan beneficiosa para la consolidación del bipartidismo reinante en aquella época y sus intereses partidistas, pero que nada tiene que ver con el desarrollo integral de las comarcas. Esa es una asignatura pendiente y una distorsión que continúa irresoluta y sin ánimo de ser corregida. Circunscripción hace referencia al reparto electoral de los votos, mientras que comarca entiende sobre descentralización y autogestión. Las circunscripciones fueron abolidas no hace mucho, pero la comarcalización real tampoco fue abordada por la Ley Orgánica 1/2021 de 15 de febrero, reformadora del Estatuto de Autonomía.

Atascado en este laberinto de normas legislativas del mayor rango que quedaron sin resolver, no se comprende cómo un tema trascendental como la descentralización comarcal sigue aún sin implantarse, por lo que recurro al prologuista de este libro, el prestigioso jurista y político Juan Ramón Calero. Descubrimos ambos que existen dos leyes autonómicas desarrolladas posteriormente. La Ley 7/1983 de 7 de octubre sobre descentralización territorial y la Ley 6/1988 de 25 de agosto de régimen local. Toda esa maraña legislativa está bien, pero la comarcalización aún está por venir. Todo sigue igual.

Por aquel tiempo un joven profesor de la Universidad de Murcia llamado Antonio Martínez Marín, cuajado después en brillante catedrático de Derecho Administrativo, nos tenía imbuidos con sus publicaciones «El Regionalismo murciano», «El manifiesto del futuro» y otro libro sobre las comarcas. Esa idea de descentralización nos tenía fascinados.

Una vez más, me llamó Andrés Hernández Ros. En esta ocasión fue para que pensara y organizara un acto solemne donde se proclamaría con todo esplendor el nacimiento de la nueva Región de Murcia que estrenaría autonomía. No me puso ninguna condición, sino que asumiera la total responsabilidad del acto sin interferencia alguna. No corrigió ni una coma ni ninguna otra limitación. No conocíamos ninguna otra situación parecida a esta, por lo que teníamos que inventarlo todo. Entonces me acordé de las comarcas y estructuramos el acontecimiento basándolo en dos elementos: uno fue destacar la presencia de todas las comarcas haciendo que desfilaran sus banderas y después presidieran el acto los municipios cabecera de los Partidos Judiciales por orden alfabético: Caravaca de la Cruz, Cartagena, Cieza, Lorca, Mula, Murcia y Yecla. A la salida del acto, las banderas lo hicieron en posición inversa. En ambos casos cerraba la recién nacida bandera de la Comunidad Autónoma y en el escenario quedaba inamovible la preeminencia de la bandera española.

El Palacio del Almudí vistiendo sus mejores galas fue el lugar donde se celebró el acontecimiento. Horas antes ya estaban ocupando sus puestos los Policías Municipales de Murcia, Cartagena y Lorca abriendo los pasillos y escoltando las banderas con uniformes de gran gala. En el Plano de San Francisco acotado, otra formación de la Policía Municipal rendía honores a las autoridades. Los Maceros de la Diputación Provincial situados en el escenario donde se encontraba la Presidencia; los ordenanzas de la Diputación vestidos de etiqueta acomodaron a los invitados. En distintos momentos del acto se escucharon emotivas

Representantes políticos del PSOE, PCE y AP. Luis Egea
(UCD) ausente en la foto, intervenía en su turno de
oradores, el 10 de junio de 1981.
Foto: Colección particular

composiciones polifónicas interpretadas por
el Orfeón Murciano Fernández Caballero
y como no teníamos Orquesta Sinfónica en
Murcia, trajimos a la de Valencia que a la
terminación del acto interpretó el himno
nacional español.

El segundo y más importante cuerpo
del acto lo inició el secretario general del
Consejo Regional de Murcia dando lectura
a las disposiciones legales de entrada en
vigor de la autonomía. Luego habló Juan
Ramón Calero Rodríguez, presidente de
Alianza Popular, uno de los cuatro líderes
políticos más votados, interviniendo de

Presidencia del acto del Almudí e intervención
de Pedro Antonio Ríos en representación del PCE,
el 10 de junio de 1981.
Foto: Colección particular

menor a mayor, según número de votos.
Tuvieron el mismo tiempo de alocución y
respetaron sus tres folios escasos mecano-
grafiados a doble espacio. En segundo lugar fue Pedro Antonio Ríos Martínez, secretario general del Partido Comunista de
España; el tercero, Luis Egea Ibáñez, presidente de Unión de Centro Democrático;
y por último Ángel Álvarez-Castellanos
Rodríguez presidente del partido político
más votado, el PSOE. Por último Andrés
Hernández Ros, Presidente del Consejo
Regional de Murcia, cerró el acto. Con el
público puesto en pie, la Orquesta interpretó el Himno nacional español dando

100

por terminado el acto de proclamación del Estatuto de Autonomía.

Fue un día en verdad hermoso, como un luminoso amanecer, Todos se felicitaban unos y otros. ¡Cuánta ilusión se acumuló allí!, con gente de todos los colores políticos, soñando con las transformaciones que se efectuarían gracias al esfuerzo de todos, juntos y unidos. Fue como un sueño.

# LOS GRANDES SUEÑOS FALLIDOS
## (1982-1983)

Soy consciente del peligro que me acecha al adentrarme por aguas procelosas, cuando en momentos como ahora siento la obligación, no de redimir cuenta alguna conmigo mismo, sino de practicar el ejercicio de una pura libertad liberadora. En un epígrafe anterior abordé la semblanza de Andrés Hernández Ros, y para no contaminarla, dejé reservado este otro para la narración de los grandes sueños fallidos, los suyos y los de los demás. Andrés fue el catalizador de todos los errores, propios y ajenos, asumiéndolos él solo, en su totalidad, sin derivarlos a nadie más, y además sufrió también el asedio informativo, continuo y desmesurado, del más puro estilo británico.

Tenía prisa por cambiarlo todo, por hacer cosas nuevas cada día. Fue un visionario, un revolucionario, un emprendedor de proyectos ambiciosos, de progreso unas veces y otras sucumbiendo ante los engaños fraudulentos de los embaucadores. Como precursor y con afán progresista, puso en marcha —con muchos años de antelación— la acuicultura, básica hoy en la alimentación mundial; o el soñado tren aéreo de Molina, que hoy es una realidad como tranvía de superficie de última generación llegando hasta el campus universitario de Espinardo. Pero también se rindió ante los fraudulentos y descabellados inventos de un tal Honorio; como el invento de la desaladora de las aguas del mar y el motor eléctrico que, según él, funcionaba sin batería, ni combustible; el otro proyecto de una fábrica de diamantes en Cieza, que ahora parece que sí se hubieran podido fabricar. Ninguno de estos proyectos causó quebranto económico significativo a la Comunidad, pero sí que provocaron un jolgorio generalizado.

Bueno, todo lo que antecede fue un juego de niños comparado con lo que vino después, de la mano de los gobiernos autonómicos del PP: la desaladora de Escombreras; el envenenamiento del Mar Menor y la desactivación y muerte del Instituto Euromediterráneo del Agua del Consejo de Europa con sede en Murcia, del que fui promotor y que se consiguió con apoyo del Gobierno español, al que aportó una importantísima dotación económica. También se sumaron la

Unesco y la Fundación Ramon Areces, entre otros, que formaron el grupo fundador. La Comunidad lo dejó morir por decisión política e incuria, incapaces de desarrollar ese proyecto. De nada sirvió aquel esfuerzo de consenso internacional europeo que diseñamos para demostrar al mundo que no éramos pedigüeños de agua, sino una potencia en su uso y aprovechamiento, cuya experiencia poníamos a disposición de los demás países europeos desarrollando políticas y programas avanzados de hidrotecnia.

Hoy le queda sólo el nombre que, injustificadamente, siguen utilizándolo desde la Comunidad, y sólo sirve para que ese Instituto elabore informes técnicos vinculantes sobre el Trasvase, cuyo objetivo principal parece que sería el de proporcionar argumentos para litigar contra instituciones del Estado en la lucha abierta de los asuntos hídricos. Es decir, pasó a hacer lo contrario a lo que postulaban los objetivos fundacionales del Consejo de Europa como valiosísimo instrumento de integración científica y no politizado, cuya sede se estableció en Murcia, lo que en aquel tiempo fue celebrado con gran alborozo como una victoria internacional.

El huracán de aquel tiempo aún no nos ha arrastrado a todos, por lo que todavía podemos obtener información de primera mano sobre los sueños fallidos de entonces, fraguados en el gobierno de la Comunidad, recurriendo al testimonio de José María Casanova Valero, el Consejero de Industria de aquel gobierno, donde se activaron aquellos proyectos. Dice Casanova: «Con tantos años de perspectiva ya tenemos un juicio sereno sobre las buenas intenciones, la imaginación y el entusiasmo de lo que entonces pudo ser y no fue, y sus razones, sobre algunas de las iniciativas lanzadas en 1982/83, impulsadas por el gobierno preautonómico y que como Consejero de Industria, en buena medida, me tocó remodelar, gestionar y finalmente asumir. Entré en ese gobierno con la iniciativa de desarrollar una nueva tecnología respaldada por el Centro de Desarrollo Tecnológico e Industrial del Ministerio de Industria (CDTI), para reconvertir y desarrollar el entonces decadente sector del pimentón y tuvo demasiados enemigos. Entré con la empresa Promural S.A., con mayoría del INI (Endiasa) y Chaconsa, con ese propósito. Después, con mi retirada del Consejo de Gobierno, la inadecuada gestión de Endiasa y la retirada de apoyos comprometidos hicieron fracasar esta iniciativa».

Con respecto al primer intento de acuicultura del langostino del Mar Menor (Muracua, S.A.), el exconsejero de Industria de

Hernández Ros, José María Casanova, me dice: «Los recursos invertidos (económicos y especialmente humanos), con dos biólogos ejemplares y esforzadísimos dirigiendo las balsas instaladas en La Manga y el Instituto Oceanográfico, demostraron que la crianza intensiva del langostino (Penaeus Kerathurus y Japonicus) era viable, llegándose a capturar en una primera cosecha unos cientos de kilos. Se necesitaba tiempo y nuevos recursos para consolidar las investigaciones alcanzadas y culminar todo el proceso con calma. Se nos negaron tiempo y dinero por la alarma y el griterío exterior y las críticas negativas constantes que acobardaron la toma de decisiones. Muchos años después, la acuicultura de langostinos, atunes y otras especies marinas, están alimentando a toda la Humanidad».

Y ahora vamos a desentrañar la verdadera versión sobre el tren a Molina de Segura: «Nuestra iniciativa del aerotren Talgo Murcia-Molina, iba a ser financiada por el Banco Central y el CDTI a través de Intecsa. Suponía unos 1.300 millones de pesetas (menos de 8 millones de los euros actuales, de los que la Comunidad Autónoma solo aportaría dos millones), como total inversión de los once kilómetros de recorrido y diez minutos de trayecto y el estudio de viabilidad ya realizado. Esa iniciativa también se adelantaba a su tiempo y la abortaron con sus críticas desmesuradas hasta hacer imposible seguir adelante».

Como colofón a cuanto antecede, José María Casanova lo resume destacando el «Pacto para el progreso» con la CROEM, el apoyo incondicional y personal de Clemente García y José Luis Villar, firmado el 28 de junio de 1983, «Fue un pacto inédito que respondía al espíritu de la Transición y a nuestros ideales. Con esta iniciativa bilateral se demostró que el PSOE de entonces, y en especial Hernández Ros, se comprometían a apoyar a los empresarios con iniciativas cualificadoras; proyectos de innovación y nuevas inversiones creadoras de empleo». Han tenido que pasar muchos años. Hasta ahora no conocíamos estas otras versiones tan distintas a las chirigotas dominantes entonces, como el convite a un arroz huertano ofrecido a Reagan y Chernenko en Berlín para superar la Guerra Fría en 1984. Esta «boutade» no fue de Andrés. Sólo fue la frivolidad de salón de uno de sus consejeros. Más vale así.

# BREVE REFLEXIÓN FINAL

Durante la regencia de María Cristina en el año 1833 se culminó la reforma administrativa y territorial de España que fijaba una nueva división territorial española siendo Ministro de Fomento Javier de Burgos y donde se establecieron un total de 49 provincias. Todo siguió igual hasta que en 1927 bajo el gobierno de Primo de Rivera, pasaron a ser 50 las provincias españolas porque Canarias, que era una sola provincia se dividió en dos: Santa Cruz de Tenerife y Las Palmas de Gran Canaria.

Pasaron los años y todo seguía rigiéndose por ese modelo diseñado por Javier de Burgos donde el antiguo Reino de Murcia fue empequeñeciéndose vertiginosamente hasta quedar reducido en dos provincias que formaban una sola teórica Región. Eran Albacete y Murcia. Esa nueva provincia de Murcia e incluso después, siguió sufriendo segregaciones territoriales, amputaciones que fueron incorporándose a las provincias colindantes de Alicante, Almería y Granada.

Todo seguía así, en ese *status quo*, hasta que llegó la democracia que vertebró España en 17 Comunidades Autónomas y dos ciudades autónomas. Murcia volvió a ser la gran perdedora. Fue entonces cuando se segregó Albacete, desapareciendo por tanto la unión territorial de Albacete y Murcia, al optar por su incorporación a Castilla-La Mancha, con lo cual se minimizó al máximo la Región de Murcia quedándose en nada lo que fue el esplendoroso Reino de Murcia, y el nacimiento de una Comunidad Autónoma de Murcia solitaria y empequeñecida.

Lo que denuncio y dejo aquí por escrito es que en nombre de la democracia todo lo que antecede fue urdido desde el poder central y canalizado por el Ministerio para las Regiones, cuyo Ministro Manuel Clavero, de UCD, en reunión con los parlamentarios murcianos les comunicó esta sentencia irrecurrible, donde todo estaba decidido. «No hay nada de qué hablar. Los murcianos tenéis que decidir dónde queréis estar integrados, en Andalucía o Valencia»... Así con este ordeno y mando, artificialmente y olvidando razones históricas y económicas, llegó a empequeñecerse hasta el máximo la naciente Comunidad de Murcia. Y para mayor vergüenza, todo esto pasó durante el periodo de construcción de la España de las Autonomías.

Los parlamentarios murcianos llegaron a plantear —según Pérez Crespo— la posibilidad de crear la Comunidad del Sureste de España integrada por Albacete, Almería, Alicante y Murcia. «Ni pensarlo» dijo Clavero, «eso fue una idea de Franco y de eso nada». La culpa solo era achacable a Franco y a los murcianos, según afirmaban desde Toledo, «porque los murcianos sólo quieren el agua de Albacete». La eterna canción contra el Trasvase. Estoy entresacando estos testimonios históricos de una entrevista de Tito Conesa a Antonio Pérez Crespo, primer presidente preautonómico, cuando rememora aquella reunión donde se lo plantearon a Clavero. Así se cerró el caso. Muy mal. Si culpable fue el poder central también lo fue todo el conjunto de fuerzas políticas murcianas que no dieron la respuesta adecuada, ¿qué pasó entonces? Le repregunta Tito Conesa y Pérez Crespo le contestó: «Sencillamente no pasó nada». Debieron haber aprendido de Tarradellas cuando la transferencia de competencias a la Generalitat se demoraba tediosamente. Tarradellas se fue a la Moncloa, hubo una tensa reunión entre Adolfo Suárez y él. Le dio un plazo corto para activar todo. Así fue. Aquí ya no había «murcianos de dinamita» como los de Miguel Hernández para intentar algo parecido.

Sin embargo, allá en las postrimerías de la década de los cincuenta del siglo pasado, la provincia de Murcia era pura ebullición y el vaso se desbordaba con la espuma de su vitalidad. El potencial de la vieja provincia de Murcia de mi juventud, hoy desaparecido, era el motor del sureste español y punto de referencia económica y de servicios. Albacete, Alicante, Almería y Granada, venían aquí a casi todo: compras, médicos, gastronomía. Ahora Alicante nos desborda en ímpetu, abundancia turística y comunicaciones; Almería en agricultura y cultivos extratempranos ganando tierra al desierto; Granada, aparte de tener una bellísima ciudad que atrae a todos los ciudadanos del mundo, nos suministra frutas y hortalizas de gran calidad. Menos mal que a nosotros aún nos quedan el Entierro de la Sardina y la barra libre del Bando de la Huerta.

Con aquel poderío nació también en aquellos años un proyecto muy fuerte que aparentemente estuvo a punto de cuajar: el Sureste español. Todo encajaba. El vigoroso empuje empresarial, el boom del turismo, el aeropuerto de Alicante, la Feria Internacional de la Conserva y la Alimentación, el vértigo exportador conservero y la llegada final de la democracia, que con su nuevo planteamiento de la España de las Autonomías parecía encajar como anillo al dedo. Es más, diversas entidades entendieron que todo estaba hecho, e hicieron suyo el apelativo Sureste. La Caja de Ahorros del Sureste; el Centro emisor del Sureste de RTVE; *La Verdad*, Diario Regional del Sureste.

Aparte de la culpabilidad achacable al Ministerio de las Regiones por su actitud dictatorial y su connivencia con los dirigentes de Toledo, aquí también se actuó mal al acatar sumisamente aquella decisión sin adoptar otras medidas de presión, pero también tiene la apariencia de que Murcia no supo, o no quiso responder positivamente a las justas y legítimas reivindicaciones de Albacete que aspiraba a tener Universidad propia y la antigua Audiencia Territorial de entonces, transformada después en Tribunal Superior de Justicia. Nada más justo. De confirmarse este supuesto sería una irresponsabilidad histórica mayúscula de la que serían culpables aquel Consejo Regional de Murcia, la oposición con su dontancredismo y la pasividad de otras instituciones murcianas.

Desgraciadamente todo esto es agua pasada, pero seamos realistas, «pidamos lo imposible» como dirían los jóvenes de la generación del 68 francés, y después, «Begin the Beguine», volver a empezar. Ahora debemos terminar preguntándonos: ¿estamos haciendo algo serio y profundo aún para transformar la región de Murcia y que esta pueda recobrar aquel ímpetu, aquella ilusión? ¿Cuáles serían las transformaciones planificadas y evaluadas y sus plazos de ejecución? ¿Y qué otras estructuras propias de desarrollo o perfeccionamiento de los sectores industriales donde siempre habíamos sido líderes puedan reactivarse? ¿Cómo está planificada la cancelación o amortizaciones de la ingente deuda contraída durante los años ya transcurridos? Cuando tengamos respuesta, plazos y planificación, podremos decir que nuestra autonomía está en el buen camino para alcanzar las metas propuestas de prosperidad que de ella esperaban los ciudadanos y nos confiaron las Cortes Generales en aquellos años esperanzadores de la Era de la Concordia, durante la Transición política española. Difícil lo veo porque en estos tiempos de política tan grosera, parece imposible que vuelva a resucitar el espíritu de la Transición. Bueno, pues sí es posible. Siempre surgirán valores nuevos que descorrerán esta cortina tan opaca que nos envuelve ahora y llegará la luz. Siempre me ocurre. Cuando recuerdo lleno de melancolía a España, acude en mi ayuda un catalán como Enrique Granados. Entonces me emociono oyendo su intermedio de Goyescas. Allí está en su música la esencia, el paisaje, y la paz de todo el pueblo español.

# Índice onomástico

**La Fea Burguesía**
— EDICIONES —

Esta edición de *La transición: Era de la concordia,*
se terminó de imprimir en el mes de enero de 2026

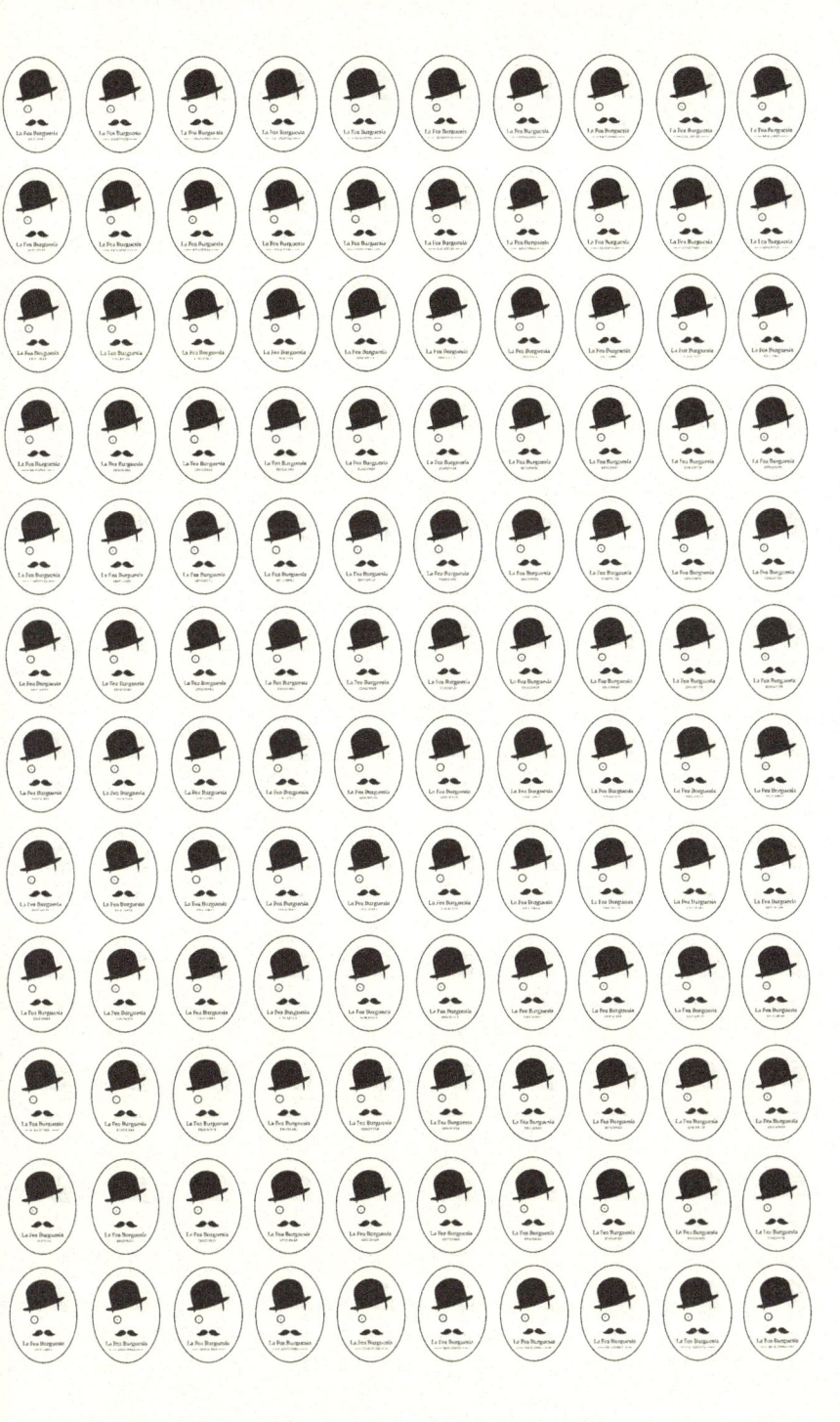